Martin Buchholz

MÄNNER, MACHT UND MYTHEN

MARTIN BUCHHOLZ

(geboren 1942 in Berlin-Wedding) ist Journalist, Kabarettist, Schriftsteller und Mitglied des PEN Deutschland.

Nach zwanzig Jahren als Redakteur (zuletzt leitend in Wissenschaftsressorts) veröffentlichte er sich über Jahrzehnte als sein eigener Chefredakteur auf der Kabarettbühne – meist mit Soloprogrammen bei den Berliner Wühlmäusen, seinem Stammhaus. Alle wichtigen Kleinkunst-, Kabarett- und Satire-Preise wurden ihm im Laufe seiner langen Bühnenkarriere verliehen.

2018 zog er sich von der Kabarettbühne zurück, kehrt aber für Lesungen und Sonderprogramme regelmäßig dorthin zurück.

In seinen sporadisch im Internet publizierten Satire-Lettern kommentiert er je nach Lust oder Unlust die aktuellen Ereignisse: Nachlese unter www.martinbuchholz.de.

MARTIN BUCHHOLZ

MÄNNER, MACHT UND MYTHEN

VON ERSCHÖPFERN UND ERSCHÖPFTEN

SATYR VERLAG

Der Druck dieses Buches erfolgte CO_2-neutral auf FSC-zertifiziertem Papier, die Kaschierfolie des Covers ist kompostierbar, auf das einzelne Einschweißen des Buches wurde verzichtet.

1. Auflage August 2024

www.satyr-verlag.de

Cover: Burkhard Neie
Korrektorat: Matthias Höhne
Autorenfoto: Jens Schulze
Druck und Bindung: CPI Books GmbH, Leck/Ulm
Printed in Germany

Die Deutsche Nationalbibliothek verzeichnet diese Publikation in der Deutschen Nationalbibliografie; detaillierte bibliografische Daten sind im Internet abrufbar über: http://dnb.d-nb.de

Die Marke »Satyr Verlag« ist eingetragen auf den Verlagsgründer Peter Maassen.

ISBN: 978-3-910775-15-2

INHALT

Miteinander denken aus Liebe
Und um der Liebe willen
Denkend, erkennend
Nicht von sich selber absehen
Mit der Sprache spielen
Neue Wörter finden

Christa Wolf

PROLOG,

in dem der Autor die Schöpfung persönlich nimmt

I.

Am Anfang war ein Schrei. Ein Urschrei. Und der da schrie, war ich.

Ein erster Aufschrei, protestierend gegen meinen Ursprung. Ein vehementes Veto gegen diese Welt, auf die ich da gebracht worden war.

Ich hatte zuvor eine gefühlte Ewigkeit lang mit einer Frau auf das Engste zusammengelebt in einer wahrhaft symbiotischen Partnerschaft – auch wenn es nur neun Monate waren, wie ich später erfuhr.

Eines bösen Maientags hat diese Frau mich urplötzlich abgeschoben. Angeblich, weil ich zwei oder drei Pfund zugenommen hatte, was sie nicht mehr erträglich fand. Die denkbar engste Bindung endete mit einer Ent-Bindung. Unter massivem Druck zwang sie mich, sie zu verlassen. Ich wurde das Opfer einer femininen Erpressung.[1]

Von einem Nichtaugenblick zum ersten Augenblick: die Vertreibung aus dem Paradies. Halb blind fand ich mich in einer grässlich grellen Umgebung wieder. Notgedrungen erblickte ich das Elektrische der Welt.

---

1 Eine Verdrängung, die ich mehr oder minder erfolgreich verdrängte. Im Freud'schen Mythos führte diese Urverdrängung aus dem Schoß des mütterlichen Urweibs zu einem unumstößlichen psychoanalytischen Glaubensbekenntnis: Wenn bei irgendwem eine Schraube locker ist, dann liegt es an der Mutter.

Aus der Traum! Hinein ins Trauma!

Ein Vorgang, der später als Happy Birthday gefeiert wird.

Eine Schöpfungsgeschichte, die wir alle einmal durchgemacht haben.

II.

Warum ich Ihnen das erzähle?

Nun, in diesem Buch geht es um die Menschwerdung. Genauer: Es geht um die sagenhafte Menschenmacherei. Denn um dieses Thema ranken sich alle Ursprungs-Erzählungen: Wie kam der Mensch auf die Welt, und zwar auf diese? Schöpfungsgeschichten, die sich die Menschheit über sich selbst erzählt hat. Meist uralte Männermythen von Erschöpfern und Erschöpften.

Und der Bestand an Geschichten über die Schöpfung ist, nun ja, unerschöpflich – von den alten Ägyptern und Hebräern über die Antike und die Bibel bis hin zur Neuzeit. Von diesen Mythen berichte ich in diesem Buch. Fast immer sind es Geschichten, die von den Herren der Schöpfung handeln. Es sind meist göttliche Heroen, die den ersten Menschen in die Welt setzen. Und es sind ausnahmslos männliche Wesen, die als Erstgemachte die Macht ergreifen.

Die Schöpfungskraft darf keine weibliche sein. Urgeschichte als His-Story. Mich interessiert dabei: Wo bleibt Her-Story? Eine Geschichte, die eher »hysterisch« als historisch ist – und das im eigentlichen Wortsinne, denn *hystera* bezeichnet auf Medizinisch die Gebärmutter? Wird doch in den meisten Schöpfungsmythen etwas Offensichtliches radikal verdrängt – nämlich dass das Zur-Welt-Bringen von Menschen eigentlich eine mütterliche Profession ist.

Und so schreibe ich hier eine verschwundene Urmami zur Fahndung aus. Cherchez la femme!

III.

Es harren immer die gleichen Fragen einer (unmöglichen) Antwort:

Was war am Anfang der Welt?
Dann: Wer war die Nummer eins?
Und warum muss es überhaupt eine Nummer eins geben?
Warum überhaupt ein Über-Haupt?
Es geht um Gott und die Welt.
Um Ideologien.
Um Igittologien.
Um Ogottologien.
Es geht um die Frau und um den Mann.
Ich vermute, es geht auch um Sie.
Und ja, ganz gewiss geht es auch um mich.

KAPITEL 1,

in dem ein gewisser Moses aus einem FKK-Camp leicht schmuddelige Einzelheiten ausplaudert

I.

Fangen wir also mit einer Schöpfungsgeschichte aus dem Morgenland an – tolerant wie wir sind als europäische Abendland-Insassen, die wir dem nahöstlichen Teil dieser Welt stets freundlich zugewandt waren. Gleich zu Beginn bekommen wir es hier mit einem älteren Herrn zu tun, der alle Allmacht für sich beansprucht. Er ist allmächtig, weil er alles gemacht hat. So beginnt das Buch über seine Schöpfung mit den Worten:

»Am Anfang schuf Gott den Himmel und die Erde.«

Der beschriebene Schöpfungsakt fand an einem Sonntag statt. Es war exakt der 23. Oktober des Jahres 4004 (vor der sogenannten christlichen Zeit, versteht sich). Ich habe diese Information aus einer absolut zuverlässigen Quelle erhalten. Schon im 17. Jahrhundert hat ein irischer Erzbischof namens James Usher das Datum in seinen »Annales veteris testamenti« errechnet, nach langen biblischen Forschungen.

Nun waren zwar an jenem Sonntag im Jahr 4004 Himmel und Erde erschaffen, aber es konnte damals kaum von einem Himmel auf Erden die Rede gewesen sein, zumindest nicht für die Menschheit. Einer der Gründe dafür war die Tatsache, dass die Menschheit in den ersten sechs Schöpfungstagen noch gar nicht existierte. Auch danach gab es sie zunächst nur in Form von zwei spärlichen Einzelexemplaren namens Adam und Eva. Die beiden kamen erst ein paar Tage später im Paradies an – und blieben dort auch nicht lange. Knapp siebzehn Tage nach der ersten Stunde der Schöpfung wurden sie zwangsgeräumt, an einem trüben Montagmorgen, am 6. November 4004 vor unserer Zeit. Sie hatten sich nicht an die Haus- und Gartenordnung des Eigentümers gehalten. So mussten sie notgedrungen umziehen – und hausten fortan jenseits von Eden.

II.

Auch das Auszugsdatum erfuhr ich von jenem hoch angesehenen irischen Kirchenlehrer, dessen Berechnungen damals über jeden Zweifel erhaben waren (und diese Zeitangaben sind bei evangelikalen Hardcore-Sekten noch immer über alle frevlerischen Bedenken unanfechtbar erhaben).

Ushers Berechnungen des Schöpfungsbeginns stützen sich auf eine Ahnentafel im fünften *Genesis*-Kapitel des Alten Testaments mit konkreten Altersangaben von Adam über Methusalem bis hin zu Noah. Dort erfährt man Erstaunliches über Adam:

> *»Und Adam war hundertunddreißig Jahre alt und zeugte einen Sohn ... Und er lebte danach achthundert Jahre und zeugte Söhne und Töchter, und sein ganzes Alter war neunhundertunddreißig Jahre, und er starb.«*[2]

2 Man sieht, es gab schon damals ein echtes demografisches Problem mit der Überalterung der Gesellschaft. Wahrscheinlich lag das Renteneintrittsalter zu Adams Zeiten bei ungefähr siebenhundert Jahren.

Dieser Erzbischof Usher wäre ein Mann nach dem Gusto meines Großvaters Oskar gewesen. Opa Oskar lebte, wie Sie zu Recht vermuten, ein paar Jahrhunderte später. Er war kein großer Kirchenmann, sondern eher ein mickriges Kirchenmännlein. Er war demütigst überzeugt von seiner Minderwertigkeit im Angesicht jeglicher Herrn. Je mehr er vor der Obrigkeit als mediokres Wesen kniefällig herumkroch, desto mehr brauchte er eine Untrigkeit, der er sich überwertig fühlen konnte. Meine Oma Clara war in jeder Hinsicht die Unterlegene. Ich wurde ein späteres Opfer des Tyrannen.

Er war Dorfdiakon in einem kleinen brandenburgischen Kaff mit einer schäbigen Gottesbehausung, wo er als Küster seinem Herrgott zu untertänigsten Diensten war. Er war ein Bibelfanatiker der fundamentalistischen Art, der jedes Wort der Bibel buchstäblich nahm.

Aber ich frage mich noch heute, warum mein preußisch-prüder Opa sich so sehr für den Bericht über ein paradiesisches Nudistenlager zwischen Euphrat und Tigris interessierte.

Vielleicht haben Sie schon von der Story gehört: Ein gewisser Moses, offenbar ein früher Paparazzo, hatte sich unter völliger Missachtung der Privatsphäre des dort lebenden prominenten Paares in den Garten Eden geschlichen.

Als unverschämter heimlicher Beobachter – ihn »Peeping Moses« zu nennen, wäre wohl zu hart – spionierte er Adam und Eva aus und notierte in seiner Story, die er später weltweit veröffentlichte:

»Und sie waren beide nackt, der Mann und seine Frau, und sie schämten sich nicht.«

Aber die Vertreibung von Adam und Eva aus dem Paradies ist eine spätere Geschichte in einem späteren Kapitel dieses Buches. Dann wird auch davon zu berichten sein, wie die beiden überhaupt zur Welt kamen. Und welche Rolle ein Apfel als Sündenfallobst bei ihrer Ausbürgerung spielte.

Doch noch sind wir ganz am Anfang der Schöpfung, am Tag null, und damit inmitten eines chaotischen Nichts.

KAPITEL 2,

in dem absolut nichts los ist
und wir abgrundtief ins Chaos stürzen

I.

Am Anfang waren also auf Gottes Geheiß Himmel und Erde geschaffen.

Doch auf der Erde war nicht viel los. Genauer gesagt: Es war überhaupt nichts los. So steht es zu lesen im zweiten Satz der Erzählung des Moses:

»Und die Erde war öd und leer.«

Die *Genesis* (das ist »Am Anfang« auf Griechisch) vermeldet als Erstes einen Fehlstart. Nur eine öde Leere finden wir vor, also rein gar nichts.

Sollten Sie ein gläubiger Juden- oder Christenmensch sein, der seinem Herrn unbesehen jeden Anfang abnimmt, so seien Sie versichert: Ich will ihn nicht unglaubwürdig machen. Nichts liegt mir ferner. Aber gerade dieses ferner liegende Nichts macht mir zu schaffen. Genauer: Wie schafft man es, aus einem Nichts ein Etwas zu machen?

Dabei ist das Nichts zu Beginn einer Schöpfung auch mir als schöpferischem Schreiberling leider allzu bekannt. Wie oft saß ich in sanfter Verzweiflung vor meinem elektronischen Hausaltar und wusste nicht, warum ich dort überhaupt hockte im Dämmerschein des Monitors. Meine Schöpfungskraft schien verdämmert zu sein. Ausgepowert. Die

Festplatte unter meinem Schädel war offenbar gelöscht. Da war nichts und nothing. Doch plötzlich summte mir durch die Wüstenei meiner ergrauten Zellen ein alter *Beatles*-Song. Sie können gerne mitsummen:

»He's a real nowhere man,
Sitting in his nowhere land,
Making all his nowhere plans for nobody.«

Da sitzt also einer in einem Nirgendwo und macht nichtige Pläne für nirgendwen.

Die Songschreiber waren John und Paul. Ihre Namen sind abgeleitet von den Aposteln Johannes und Paulus. Doch trotz ihrer apostolischen Benennung glaube ich nicht, dass sie mit der Titelfigur ihrer Hymne den alten Mann aus der *Genesis* gemeint haben, auch wenn sie singen:

»Nowhere man, the world is at your command!«

Die Welt steht ihm zu Diensten, sie hört auf seinen Befehl. Aber am Anfang der Bibel gab es keine Welt zu befehlen – nur ein Nirgendland: alles öd und leer. Da war nichts und niemand – nirgends.

Dennoch hat dieser Nowhere Man irgendwie in diesem Nirgendwo ein Irgendwas geschaffen. Für diese Unerklärlichkeit haben die christlichen Theologen einen lateinischen Ausdruck geprägt: eine *Creatio ex nihilo*, eine Schöpfung aus dem Nichts heraus.

Ich will jetzt nicht allzu quengelig erscheinen, aber einiges erscheint mir in diesem Kasus unklar. Angeblich war da anfänglich nichts als Nichts. Andererseits war der göttliche

Schöpfer offenbar schon da. Aber wenn er schon existent war, kann das mit dem vermeintlichen Nichts nicht so ganz stimmen. Schließlich ist so ein Gott mehr als nur ein Nichts. Also muss schon vor dem angeblich nichtigen Anfang ein Etwas da gewesen sein, und zwar ein göttliches Etwas. Mithin war der Anfang kein Anfang.

Tja, einem Schöpfer kommt man nicht so leicht auf die Schliche. Doch wie Sie gerade am Beispiel dieses Buches in Ihrer Hand sehen, habe auch ich mir als kreativer Nihilist das anfängliche Nichts meiner Einfallslosigkeit zunutze gemacht, um diese unheilige Schrift zustande zu bringen. Eine kreative Nichts-Nutzigkeit, unter der Sie jetzt zu leiden haben.

Sorry! Nichts für ungut!

II.

Hören wir genauer hin, was uns die *Genesis* da zuraunt aus irgendeinem Nirgendwo:

> *»Und die Erde war öd und leer. Und Finsternis lag auf der Tiefe.«*

War da was?

Nööö, da war nichts.

Diese nachdrückliche Nichts-Sagenheit, dieses hartnäckige, öde Leugnen eines Was-auch-immer am Beginn einer Schöpfung erscheint mir immer fragwürdiger.

Mein Ursprungs-Verdacht hat sich verstärkt, nämlich dieser: Da fand offenbar anfänglich etwas statt, von dem man hinterher nichts mehr wissen wollte. Und so nebulöst sich im herrlichen Vollzug einer Verdrängung alles in nichts auf.

Um diesen Kasus näher zu untersuchen, lege ich kurz die Schriften des alten Moses beiseite und rufe einen noch älteren Zeugen auf. Hesiod heißt er, ebenfalls ein nicht unbegabter Schreiber. Der hat schon sieben Jahrhunderte vor der christlichen Zeitenwende eine Schöpfungsgeschichte verfasst, die *Theogonie*. Dort beschreibt er den Anfang mit den Worten:

»Siehe, vor allem zuerst war das Chaos.«

Woher Hesiod das wusste? Nur vom Hörensagen, wie er zugibt. Es waren die Musen, die bei ihrer Dichter-Abknutscherei, also beim Verteilen ihrer Musenküsse, ein paar Geheimnisse ausgeplaudert hatten. Etwas verkürzt heißt es bei Hesiod:

»Nennet mir, Musen, was da war zu Beginn, und was da zuerst war.«

Und so erzählen sie ihm bei einem intimen Tête-à-Tête die Geschichte vom *Chaos* als Ur-Anfang.

Da also ist sie wieder, die öde, nichtige Unordnung, wie sie auch im Buch *Genesis* beschrieben wird.

Wenn uns Hesiod auch nichts weiter verraten will, so verrät doch dieses Chaos von sich selbst schon genug, wenn man sich mal im Griechischen etwas umhört. *Chaos* leitet sich ab von dem Verb *cháskein*, auf Deutsch: »sich weit öffnen«.

Und was öffnet sich da?

Zunächst: Nichts (was sonst?). Alle Übersetzer verweisen dieses ursprüngliche Chaos in ein unergründliches Dunkel, in eine bodenlose Tiefe, in einen klaffenden Abgrund. Der urdeutsch-nazionale Hohepriester Martin Heidegger raunt von einem »Schlund«, von einem tiefen »Gähnen«.

Ich hoffe, dass ich Sie mit meiner Wortwurzelbuddelei nicht zu sehr langweile.

Doch wenn Sie jetzt tatsächlich gähnen sollten, tun Sie genau das, was sich im Chaos andeutet. Es öffnet sich etwas sehr weit.

Nun hat sich das griechische *Chaos* als Begriff selbst schon aus dem Indogermanischen gezeugt, aus der Wortwurzel *ghe*.

Und dieses *ghe* klingt noch heute in jedem G(h)ähnen nach.

Was aber ist es, das sich da weit öffnet in diesem Chaos? Nun, die Sprache verrät noch mehr, wenn man ihr genauer lauscht: Auch die griechische *gyne*, die Frau, ging aus diesem *ghe* hervor, diesem gähnenden Chaos.

Doch das Sprachabenteuer geht noch weiter:

Die hellenische *gyne* hieß bei den alten Germanen *ginna*. Das war zugleich die Bezeichnung für eine Zauberin, ein Wesen mit einem geheimnisvollen Schoß. Ein Schoß, der viele männliche Knaben jeden Alters zauberisch verlockt und zugleich mit mulmigen Gefühlen erfüllt aufgrund seiner magischen Unergründlichkeit.

Mit dieser Ginna schrickt und lockt auch die altgermanische *Edda*-Dichtung. Deren Schöpfungsgeschichte beginnt mit den Worten:

»Da war nicht Erde unten
noch oben Himmel:
Ginnun – gagap!
Gähnen – abgrundtief.«

Damit dürfte klar sein, was sich uns im gähnenden Chaos eröffnet, auch wenn es von den schamhaften Lippen der patriarchalen Sittenwächter peinlichst verschwiegen wird. Das Chaos: eine Höhle, die sich weit öffnen muss, damit eine neue Schöpfung das Licht der Welt erblicken kann. Ergo: Chaos, der weibliche Schoß, das Gewölbe der Vulva. Gynökologie im Urbiotop des Weiblichen.

So haben die Schöpfungsberichte fast alle den gleichen Beginn: Am Anfang war zwar offenbar stets etwas irgendwie Weibliches. Eine feminine Geschlechtlichkeit, die man später nicht mehr wahrhaben wollte.

KAPITEL 3,

in dem das Tor zur Hölle gesucht wird und wir uns unvermutet zwischen den Schenkeln einer Frau wiederfinden

I.

Die Benennung dieser chaotischen Vulva zu Beginn der Schöpfung wäre für die alten Patriarchen und für die meisten Hohepriester und Höchstpriester, die ihnen folgten, unaussprechlich gewesen. Die Vulva ist für einen misogynen Zölibatman ein vulvamimöser Ort des Schreckens, ein sündhafter Höllenschlund.

Was für ein böses Grauen sich unterhalb der weiblichen Gürtellinie abspielt, wurde schon von den christlichen Kirchenvätern mit mannhafter Kühnheit erkundet, zum Beispiel von den klerikalen Opas Tertullian und Augustin. Sie waren überzeugt, »das Tor zur Hölle« beziehungsweise »die Pforte des Teufels« geografisch exakt lokalisiert zu haben, und zwar zwischen den Schenkeln der Frau. Ein anrüchiger Ort *»intra urinas et faeces«* (vom Augustinischen ins Deutsche latrinisiert: »zwischen Urin und Kot«).

Woher jene strengen Zölibaptisten diese genaue Ortskenntnis von solch teuflisch-sündhaften Pforten hatten, bleibt unklar, denn nach ihren eigenen Angaben hatten sie diese Eingangsportale nie aus der Nähe persönlich inspiziert.

II.

Nun weiß ich aus eigener Erfahrung in meinen jugendlichen Zeiten, dass die Entdeckung dieses vermaledeiten Zugangs tatsächlich nicht einfach ist, weil sich Frauen da weitgehend bedeckt halten. Sie agieren gewissermaßen undercover.

Doch schon als pubertärer Knabe war ich heftig fasziniert vom weiblichen Geschlecht, und zwar in allen seinen Teilen. Das lag vielleicht auch daran, dass es bei uns zu Hause keinen Vater gab. Da waren nur meine Mutter und zwei ältere Schwestern. Meinen Schwestern wurde des Öfteren eine untergründige Sexualerziehung zuteil, denn immer, wenn wir in Berlin mit der U-Bahn fuhren (die, wie ich annehme, nur wenige Meter oberhalb der Hölle dahinrauscht), befahl meine Mutter den Mädchen: »Setzt euch anständig hin und haltet die Knie zusammen.« Mit der Begründung: »Sonst kann man euch bis ins Himmelreich sehen.«

Ich war damals ein sehr frommer Junge und schwer am Himmelreich interessiert; ein früher Aktivist der Bewegung »Jugend forscht«. Aber es kann ja der Frömmste nicht in Frieden forschen, wenn es der keuschen Schwester nicht gefällt. (Wobei jetzt »Frömmste« keine Steigerung von »Fromms« ist.)

So lernte ich immerhin, wie nah das Himmelreich und die höllischsten Höhlen beieinanderliegen können.

KAPITEL 4,

in dem die ersten Leichen herumliegen und eine aufmüpfige Urfeministin erbarmungslos vernichtet wird

I.

Sie sehen, ich stecke mit dieser Erzählung mitten im Chaos fest, also im weiblichen Unterleib, im Schoß der mythischen Geschichten, hängend an einer prähistorischen Nabelschnur, planlos planschend im Urschleim der Schöpfung.

Haben Sie Geduld mit mir! Ich bin offensichtlich dazu verdammt, immer wieder von vorne anzufangen. Eine unaufhörliche Geschichte. Aber das heißt nicht, dass die Geschichte unendlich sei. Wer immer behauptet, eine unendliche Geschichte zu erzählen, erzählt Ihnen Märchen über das Märchenmachen. Jede Geschichte setzt zu Beginn notwendigerweise ein Ende voraus. Es muss etwas vorgegangen und damit vergangen sein, von dem es den Kunden Kunde zu geben lohnt. Deshalb: »Es war einmal ...«

Also: Was war eigentlich vor dem biblischen Anfang, von dem uns lediglich mitgeteilt wird, dass alles nur »öd und leer« war?

Nun hat Martin Luther das Alte Testament zumindest teilweise aus dem frühen Hebräischen übersetzt. In diesem Urtext steht statt »öd und leer«: *Tohu-wa-bohu.*

Und dieses hebräische Doppelgemoppel *Tohu & Bohu* hat wesentlich mehr zu bieten als protestantische Einöde. Dahinter verbergen sich nämlich zwei uralte göttliche Ladys, die sich zu ihrer Zeit so gar nicht ladylike benahmen, weil sie kein maskulines Oberhaupt in ihrer Nähe duldeten. Somit erschienen sie jedem männlichen Schöpfer als nicht geheuer. Folglich wurden sie als Ungeheuer denunziert.

Bohu ist der Name einer alten Fruchtbarkeitsgöttin, eine nahe Verwandte der phönizischen Nachtgöttin *Baau*.

Ganz sicher ist *Tohu* (oder *Tehom*) der hebräische Name einer fürchterlichen Chaosgöttin, die im alten Babylonien die damaligen Ordnungskräfte zur Weißglut getrieben hat. Dort hieß sie *Tiamat*. Ein ozeanisches Monster, das über die Urfluten, über das urmütterliche Fruchtwasser wachte.[3]

II.

Die biblische Schöpfungsgeschichte ist stellenweise von dem sehr viel älteren babylonischen Mythos *Enuma Elisch* abgekupfert. Und doch fehlt in der *Genesis* eine entscheidende Nuance. Die Originalstory beginnt nämlich so:

»Als droben die Himmel noch nicht genannt wurden
und unten die Erde keinen Namen hatte,
da mischte Apsu, der Uranfängliche,
seine Wasser mit Tiamat, die sie alle gebar,
die Götter, alle aus ihrem Schoße geboren.«

Ein Gott und eine Göttin, die es zwecks Schöpfung miteinander treiben. – Bei Moses kein Wort davon!

Immerhin hat er uns mit dem verräterischen Tohuwabohu ein Indiz geliefert, das sich beim genaueren Hinlesen heraus-

---

3 Der französische Analytiker Jacques Lacan bringt die Begriffe *la mer* (das Meer) und *la mère* (die Mutter) wortspielerisch zusammen. So fluten Urmeer und Urmutter ineinander über. Mehr und mer und mère lässt uns diese Mär erschauern.

stellt als der Hinweis auf eine mörderische Frühgeschichte im ewigen Vorleben des biblischen Schöpfers. Denn der hatte all diese weiblichen Tohuwabohu-Ungeheuer schon lange vor Schöpfungsbeginn in einem schrecklichen Endkampf vernichtet.

Doch davon liest man nichts in den ersten Kapiteln des Alten Testaments. Erst in späteren Passagen der Bibel wird die Wahrheit offenbart. Da melden Hiob und die Psalmisten, dass der Schöpfer einst das ganze urmütterliche Weiberpack in Schlangen- und Drachengestalt »zerhauen, zerstochen, zermalmt, zerschmettert, zertreten« habe.

Die verspäteten Frontberichterstatter waren kaum zu bremsen, wenn sie in den martialischsten Tönen von den früheren Heldentaten ihres obersten Befehlshabers schwärmten. Der Prophet Jesaja war hingegen später ein wenig enttäuscht, als er nach der endgültigen Niederlage dieser Ungeheuer feststellte, dass sein Chef sich mittlerweile nur noch auf seinen Lorbeeren ausruhte. Er versuchte, den etwas schläfrigen Herrn zu ermutigen, mit seinen Heldentaten fortzufahren, indem er ihn an seine vergangenen Taten erinnerte:

»Wach auf, wach auf …
besinne dich auf deine Kraft!
Wach auf, wie in vergangenen Tagen, wie in alten Zeiten.
Warst du es nicht, der Rahab in Stücke schnitt
und der dieses Ungeheuer durchbohrt hat?«

Rahab kündigt schon in ihrem Namen an, dass mit ihr nicht gut Kirchengehen ist. Rahab bedeutet: die sich Auflehnende, die Rebellin. Das ist ein unbestreitbarer Hinweis auf ihre feministische Gefährlichkeit

Der Herr habe sie daher »geschändet wie ein Aas«, berichtet der Psalmist. Geschändet womit? »Mit eisernem Stabe« habe er die Ungeheuerliche zuschanden gemacht.

III.

Der eiserne Stab war zuvörderst das erigierte Herrschaftssymbol des noch älteren Gottes Baal. Der hatte im vorbiblischen Kanaan seinen Amtssitz. Auch Baal hatte sich als Einstieg in die göttliche Oberliga heroenhaft bewähren müssen. Er erschlug das gefürchtete fruchtwässrige Urungeheuer mit jener ehernen Keule, die dann der Psalmist dem biblischen Gott in die Faust drückte.

Bei den Königen im alten Nahen Osten wurde der »eiserne Stab« zum männlichen Markenzeichen. Im antiken Griechenland hieß der Stab *szeptron*. Den trug der Herrscher bei Staatszeremonien vor sich her – das erigierte Zepter als Symbol der maskulinen Vorherrschaft: der herrschende Maß-Stab als üblicher Ernst-Phall.

Doch auch jene Herrschaften, die sich krampfhaft an ihrem Zepter festhalten, haben es nicht leicht: Ein Potentat muss ja ständig seine Herrscherpotenz unter Beweis stellen. Und wehe, er gerät dabei in potenzielle Beweisnot. Dann hängt er durch. Nichts Schlimmeres gibt es für ihn, als für einen Schlappschwanz gehalten zu werden. Das ist ein weitverbreitetes Männerleiden, eine typische Geschlechtskrankheit: die Urangst des Mannes, dass das schwache Geschlecht sein eigenes sein könnte.

IV.

Gut, dass mein Opa Oskar dies alles nicht mehr lesen kann. Er hätte mich sofort vor das Jüngste Gericht gezerrt. Alle Fegefeuer hätte er für mich entfacht. Pech und Schwefel würden auf das schüttere Haupt des frechen Frevlers herniederprasseln, der in der Stab-Führung des Ersten Dirigenten ein Geschlechtsmerkmal entdeckt, wenn auch ein göttliches, also primäres. Welch eine gotteslästerliche Schandtat, dem Herrgott so etwas anzuhängen!

Als keineswegs unschuldiger Knabe habe ich meinen Großvater einmal bewusst provoziert, als ich wieder einmal in den Schulferien bei ihm zwangsinterniert worden war. Ich fragte scheinbar harmlos: »Sag mal, Opa, gibt es eigentlich auch weibliche Engel?«

Die Frage irritierte ihn zwar, aber er konnte sie akzeptieren. Eher erfreut über mein unerwartetes theologisches Interesse dozierte er: »Nein, das wäre gegen die göttliche Ordnung. Engel sind alles männliche Wesen.« Dann begann er aufzuzählen: »Uriel, Raphael, Gabriel, Michael, Sari...«

Ich unterbrach ihn: »Und wenn man denen das Hemd hochhebt, sieht man dann ihre Pimmel?«

Mein Großvater starrte mich fassungslos an. Es hatte ihm die Sprache verschlagen. Also nutzte ich die Gelegenheit für ein weiteres Auskunftsbegehren: »Und wenn die kacken müssen, wischen sie sich den Hintern mit 'ner Wolke ab?«

Die Antwort kam dann Knall auf Fall. Knalleluja! Handgreiflich fand der alttestamentarische Zorn seinen Niederschlag. Ein Bild für Götter, ich sehe es noch immer vor mir: ein protestantischer Ayatollah, der wutschäumend mit geballter Rachepranke herumfuchtelte vor dem hingekitschten Jesus-Schinken an der Wand in der guten Stube.

Er brüllte: »Engel haben keine Pimmel und sie kacken nicht. Und der Herrgott kackt erst recht nicht und er hat auch keinen Pimm...«

Meine Oma Clara, die ihrem Herrn und Gebieter ansonsten nie zu widersprechen wagte (auch sie fürchtete seine Prügelstrafen), intervenierte plötzlich: »Oskar, versündige dich nicht! So etwas denkt man nicht einmal!«

So blieb das nicht vorhandene himmlische Geschlechtsteil unausgesprochen in der Luft hängen.

Ich hatte Glück, dass die Scheiterhaufen, auf denen die Ketzer einst von den Furienkardinälen verheizt wurden, im Brandenburgischen mittlerweile aus der Mode gekommen waren. Mein Großvater wäre Feuer und Flamme für diese zündende Idee gewesen. Und er hätte gewiss mit inquisitorischer Wollust einen Haufen für mich höchst eigenhändig entfacht.

KAPITEL 5,

in dem ein Liebespaar brutal auseinandergerissen wird

I.

Es geht noch einmal retour ins Chaos, in dem der Herr Jehova nun endlich Ordnung schaffen will.

Apropos: Wenn ich hier vom Herrn Jehova spreche und schreibe, so weiß ich wohl, dass das nur ein Pseudonym ist. Genau genommen ist der biblische Gott namenlos. Denn wer hätte ihn benennen sollen, wo doch vor ihm keiner da war. Die Namensgebung war schon immer ein Vorrecht der Älteren (also der Eltern). Und älter als der biblische Alte konnte niemand sein. Er war bekanntlich elternlos. Ein namenloser Selfmademan. Vom zweiten *Genesis*-Kapitel an buchstabiert er seinen Nicht-Namen mit einem sinnlosen Kürzel: JHWH. Auf diesen vier Buchstaben ruht er sich fortan geheimnisvoll aus.[4]

Aus JHWH wurde dann lautmalerisch die Bezeichnung Jahwe und später umgangssprachlich Jehova. Egal, ob Jahwe oder Jehova: Für mich firmiert er in diesem Buch fortan bemüht respektvoll als Herr J. (in meinem Berliner Urjargon »Herrjott« ausgesprochen).

---

4 Sein Zeichen ist so unergründlich wie der Name des Herrn QWERTZUIOPÜ. Nein, das ist nicht der Name einer aztekischen Gottheit. Dieser QWERTZUIOPÜ kommt zustande, wenn ich mit dem Finger über die erste Buchstabenreihe meiner Computertastatur spaziere. So leicht kann man sich einen Gott zusammenfingern. Einen *Deus ex machina*. »Wie hältst du's mit der Religion?« ist im Computer-Zeitalter eher eine Gerätchenfrage.

II.

Um im Chaos gründlich aufzuräumen, betätigt sich Herr J. zunächst als Scheidungsrichter und trennt als Erstes Himmel und Erde, genauer: die oberen Wasser des Wolkenhimmels von den unteren Wassern des Meeres. Zur Sicherung seines Herrschaftsbereichs errichtet er zwischen unten und oben zugleich einen real existierenden Schutzwall (ein »Firmament«). Als Grenzwächter setzt er später die Erzengel ein.

In einer parallelen hebräischen Schöpfungsgeschichte wird genauer geschildert, was und wen der Herr so grundsätzlich scheidet:

»Gott fand die männlichen oberen Wasser
und die weiblichen unteren Wasser
in leidenschaftlicher Umarmung verschlungen vor.
›Einer von euch soll sich erheben‹, befahl er,
›und die andere soll fallen!‹
Aber sie standen zusammen auf.
Da fragte Gott: ›Warum habt ihr euch beide erhoben?‹
›Wir sind unzertrennlich‹, antworteten sie
wie aus einem Munde, ›überlass uns unserer Liebe.‹
Da streckte Gott seinen kleinen Finger aus
und riss sie auseinander;
den Oberen hob er empor,
die Untere warf er hinab.«

Die Lovestory hat kein Happy End, sondern findet ein happiges Ende.

III.
Mit dieser End-Scheidung sind die chaotischen Zeiten endgültig vorbei, wo die unterschiedlichsten, nicht zusammengehörenden Subjekte und Objekte ungehörig beieinanderlagen und sich planlos mischten und mehrten.

Schluss mit dem Kuddelmuddel der Liebe! Denn die Liebe ist nun einmal eine wunderschöne, schamlose Schlampe. Eine unordentliche Chaotin. Eine wuselwilde Verrückte. Eine Verwirrung in Herzen und Hirnen Stiftende. Eine Lust- und Lachenmachende. Ja, eine Komische!

Liebe und Witz: Beides sind Unanständigkeiten, weil sie die Widersprüchlichkeiten nicht anständig auseinanderhalten, sondern alles miteinander verkuddeln und vermuddeln.

Aber der Herr J. kennt solch liebevolle Gewitztheit nicht. Er redet in schroffen Gegen-Sätzen. Lust und Liebe gehören sich für einen göttlichen Wort-Schöpfer nicht.

Liebe ist fehlbar, weil nicht befehlbar. Da mangelt die Wort-Gewalt, mit der die Sprache in die Mangel zu nehmen ist, um ihr eindeutige Aussagen abzupressen. Ein klares Geständnis, welches Wort für welchen Sinn einsteht, auf dass keine diffusen Doppeldeutigkeiten zu lachhafter Verwirrung führen.

Die heilige Vor-Schrift des undurchlässigen Firmaments setzt fest: Hier ist oben, da unten! Hier hüben, da drüben! Eine Möglichkeit der Vermittlung zwischen beiden Extremitäten ist nicht drin.

Ein logisches Gesetz. Philosophisch liest es sich so: »Etwas ist entweder A oder nicht A; es gibt kein Drittes.«

»*Tertium non datur*« heißt dieser Grundsatz in besseren Kreisen, »der Satz vom ausgeschlossenen Dritten«.

Wenn ein Gott A sagt, heißt es für die Liebenden, die sich

einst umschlungen hielten, Abschied nehmen voneinander. A-Dieu!

Wer dieses Gebot der logischen A-Partheit befolgt, gerät irgendwann in einen schweren Konflikt – mit sich selbst als Individuum. Das lateinische *in-dividuum* heißt auf Deutsch: »das Un-Teilbare«.

Im Griechischen nennt sich das Un-Teilbare: *a-tom*. Aber egal, ob In-dividuum oder A-tom: Beides haben wir längst durch Kernspaltung kleingekriegt.

Der Wesenskern der vermeintlich unteilbaren Persönlichkeit ist in diesem dual-logischen Dogma zerschlagen worden in lauter scheinbar unversöhnliche Gegensätze:

Hier die Vernunft, dort die Gefühle.

Hier Kultur, dort Natur.

Hier Subjekt, dort Objekt.

Hier Kopf, da Bauch.

Hier das männliche Oberhaupt, da der weibliche Unterleib.

Eine bipersonelle Schizophrenie dank eines fest zementierten Firmaments: zweigeteilt – für immer! Die Mauer im Kopf macht es möglich. Und das macht uns wirre und kirre. Wir werden irre – an uns selbst.

Doch im Irrenhaus der schizophrenen Logik wird uns immer wieder versichert, dass Irre-Sein menschlich ist.

IV.

Übrigens – da in diesem Kapitel auch von einem ganz anderen, wunderbaren Irre-Sein die Rede war, also von der Liebe, kam mir aus einer sehr entfernten Erinnerungsnische auf einmal wieder Elfriede in den Sinn. Sieben Jahr, blondes Haar. Ich war ungefähr neun und irre verliebt in sie. Eine wohl eher harmlose Affäre, auch wenn wir uns gegenseitig einmal im Keller doktorspielerisch die Hosen runtergezogen haben zwecks geschlechtlichen Anschauungsunterrichts.

Schon damals hatte ich als investigativ begabter Knabe mit meinen Nachforschungen über die Menschenmacherei begonnen. Ich hatte einiges tuscheln hören, Andeutungen von einer komischen Bettgeschichte, denn so sangen es die Jungen aus der Weddinger Sansibarstraße mir und meiner blonden Elfriede hinterher:

»Braut und Bräut'gam, die sich lieben,
muss man schnell ins Bette schieben.«

Warum diese Bettschieberei? Was machten Braut und Bräutigam dort miteinander? Zwar hatte ich gehört, dass sie derart bettlägerig Babys machten, aber niemand verriet mir, wie sie das machten, herrschte doch über dieses Thema bei uns zu Hause ein peinsames Schweigen. Bis ich eines Tages von der Schule nach Hause kam und meine Schwester Maria mit dem auf dem Schulhof neuesten Hit aus der vorpubertären Schlagerparade schockte, einem Singsang, der unter den Jungen die schnelle Runde machte:

»In der Nacht, in der Nacht,
wenn der Büstenhalter kracht
und der Bauch explodiert,
kommt das Baby anmarschiert.«

Es kann sein, dass dieses kleine Stück Widerstandslyrik, entstanden unter der Diktatur des Endreims sowie der Verdrängung, mich fürderhin der Dichtkunst geöffnet hat, denn diese urgewaltige Sache mit dem krachenden Büstenhalter und dem explodierenden Bauch – das hat meine Fantasie lange beschäftigt, eigentlich bis heute. Die vorliegende Schrift ist eine Spätfolge jenes lyrischen Urknalls.

Übrigens: Was jene blonde Elfriede betrifft ... möglicherweise gibt es sie gar nicht mehr. Die Liebe gab's.

KAPITEL 6,

in dem ein Gott unverschämt Hand an sich selbst legt und Friedrich Nietzsche Mutter wird

I.

Genug von diesem Liebeskram! Nein, ein wahrer Herr der Schöpfung glaubt nicht an eine liebende Zweisamkeit, aus der neues Leben entstehen könnte. Er ist sein Ein und Alles. Das ist für einen Schöpfer ohnehin das höchste der Gefühle in seinem weltumspannenden Soloprogramm.

Vor dem biblischen Single gab es schon andere Herren, die die gleiche göttliche Idee hatten, dass sie sich selbst genug wären. Im alten Ägypten zum Beispiel verehrten die Menschen einen solchen O-solo-mio, den Gott Atum. Sein Name bedeutete: Ein-und-Alles.

Seine Schöpfungsgeschichte beginnt mit dem Satz:

»Am Anfang war Atum.«

Der hatte sich selbst erschaffen, indem er ein Ei gelegt hatte. Danach warf er sich in Schale, also hinein ins Ei. Soll heißen: Atum hatte nicht nur das Ei fabriziert, sondern entkroch ihm hinterher auch noch selbst. (Urgötter müssen eben alles selber machen.)

In vielen Schöpfungserzählungen ist in einem solchen Ei der Ur-Sprung zu finden. Bei den Anhängern des Orpheus-Kultes war es die »schwarzgeflügelte Nacht«, die vom Wind befruchtet ein silbernes Ei hinterlegte. Dem entsprang Eros

– die Liebe. Eine Eierschalenhälfte wurde zur Erde, die andere zum Himmel. Die übliche Aufteilung bei göttlichen Eggheads.

II.

Verzeihen Sie, wenn ich schon wieder abschweife in meine eigene mythische Vergangenheit. Auch meine Mutter versuchte einst, mir mittels einer eier-urigen Schöpfungsgeschichte das Zustandekommen meiner Existenz zu erläutern.

Vorangegangen war, dass ich in meinen Knabenjahren eines Tages meiner älteren Schwester Maria triumphierend weitere Ergebnisse meiner Nachforschungen in Sachen meiner Entstehung mitteilen konnte – nämlich, dass ich nun wüsste, dass die Kinder bei der Mutter unten aus dem Bauch rauskämen, »und dabei sind sie ganz, ganz braun von ganz, ganz viel Kacke«. Maria oblag ein großer Teil meiner Erziehung und da sie sich durch meinen Forschungsdrang überfordert fühlte, machte sie meiner Mutter von meinem neuesten Erkenntnisstand Mitteilung.

Meine Mutter berief mich also eines trüben Nachmittags in die gute Stube zwecks »Aufklärung«, wie man das zu Zeiten nannte, bevor den Eltern diese Last von YouPorn abgenommen wurde. Meine Mutter war Krankenschwester, sie muss sich also mit körperlichen Dingen ausgekannt haben, doch als belesene Frau versuchte sie, mir erst einmal die geistige Seite des Geschlechtlichen nahezubringen. Sie las mir also eine Geschichte vor, ich glaube von Franz Werfel.

In der Geschichte ging es, soweit ich mich erinnere, darum, dass irgendein Ur-Ei nicht mehr ganz bei sich war. Es war zersprungen in zwei Hälften und nach diesem Eisprung war es ganz außer sich, weil es als Ganzes nicht mehr existierte, sondern nur als eine Idee von etwas ehemals Ganzem. Und obwohl dieses Ei als solches gar nicht mehr existierte, eggsistierte doch sein Sehnen nach sich selbst, also das Begehren, sich wieder mit sich zu vereinen. Heute würde man sagen, es wollte sein ein einig Ei, denn was zusammengehört, muss zusammenwachsen.

Und diese Sehnsucht des Eis nach sich selbst, das eben sei Liebe, sagte meine Mutter, die es wissen musste, und auf diese Weise sei ich entstanden. Denn sie habe sich zusammengefunden mit einem ominösen »Vati«. Dieser Vati war für mich eine irgendwie mythologische Figur, die in vielen Erzählungen auftauchte, aber nie irgendwie real für mich war: ein Mann, den ich nicht kannte, weil er, wie man mir sagte, gefallen war. Das schien mir als kleinem Bengel, der ich schon öfter mal hingefallen war, kein triftiger Grund, warum er sich nicht mehr bei uns blicken ließ. Jedenfalls erklärte mir meine Mutter, dass ich auf der Welt sei, weil sie sich so lieb gehabt hätten – sie, meine Mutter, sowie besagter Vati.

Doch ich hatte trotz der Eiergeschichte nichts begriffen, außer dass meine Mutter anscheinend auch nicht richtig wusste, wie das gemacht wird bei der Menschenmacherei. Aber da ich gemerkt hatte, dass sie herumeierte, fragte ich nicht weiter nach, um ihr und mir die Verlegenheit zu ersparen. Ich liebte sie ja, ohne deshalb gleich mit ihr ein Ei zu produzieren. Darum nickte ich so überzeugungsbrav wie möglich, als sie mich fragte, ob ich alles verstanden hätte.

Außerdem hatte das Gespräch oder zumindest ihr leises, sehr eindringliches Gerede – bei dem ich ihr gegenübersaß auf einem knarrenden Korbstuhl und sie mir ständig tief in die Augen blickte – dazu geführt, dass ich plötzlich einen ungeheuren Druck auf der Blase verspürte. Zugleich vermutete ich jedoch, dass die Sache mit dem Ei und der Liebe zu diesem Vati unverträglich sei mit meinem immer stärker werdenden Bedürfnis. Also nickte ich, ihr zustimmend, zwar nicht aus tiefstem Herzen, aber doch aus vollster Blase, um herauszukommen aus ihrem Blick und endlich aufs Klo, und sie sagte mir dann, mich bei den Schultern nehmend, als ich schon in der Tür hin und her tippelte, dass ich nun der Mann im Hause sei, ihr kleiner Mann, denn jetzt sei ich aufgeklärt. Und dann durfte ich mich endlich, nun ja, verpissen.

Niemals wieder in meinem Leben hatte ich beim Pinkeln ein solch unsagbares Wonnegefühl der Befreiung. Der Geist der Aufklärung war über mich gekommen als das beseelende Gefühl innigster Entleerung.

War es vielleicht eine solche Leere, ein solch beglückendes kosmisches Sich-Verströmen in ein befreiendes Nichts, die Seele erleichternd vom Druck der Urtiefe, der dräuenden alten Blase – war es das also, was der Herr J. einst empfand, als er für erste Aufklärung sorgte, indem er im Chaos das Licht anmachte?

III.

Doch eigentlich wollte ich, bevor ich einmal mehr abdriftete in meine private Eivolution, von dem ägyptischen Schöpfergott Atum berichten. Und dieser Herr Atum war nicht so verschämt wie der Herr der *Genesis*. Er brüstete sich sogar mit seinen einsamen sexuellen Eskapaden. Er gab seinen Gläubigen gegenüber offen zu, dass seine Schöpfung das Ergebnis praktischer sexueller Eigenhandhabung war. So heißt es in seiner Schöpfungsgeschichte:

»Ja, ich war es,
der meinen Penis ergriff,
dem Samen Wasser entlockte
und es durch meine Faust in mich hineinleitete.
Ich wickelte mich um meinen Penis
und half mir, meinen Schatten zu ficken.
Ich blies sanft, um mich unter einer Wolke abzukühlen.
Ich pisste fruchtbares Wasser; es sprudelte in meinen eigenen Mund.
Daraus spross der Windmann
und ich gebar das Regenmädchen.«

Die Ur-Zeugung: Bei dieser Meisterbation, bei diesem Aus-sich-heraus-Schöpfen wird deutlich, dass ein Gott nicht unbedingt untätig ist, wenn er die Hände in den Schoß legt.

Der biblische Schöpfer wäre natürlich nie auf die Idee gekommen, sich so handgreiflich auszuschöpfen. Was der Herr J. mit sich selbst zu schaffen hatte, das schaffte er allein mit dem Wort.

Seine Schöpfungssätze beginnen immer gleich: »Und Gott sprach …«

So monologisierte er sich seine Kreation zusammen. Er führte ständig Selbstgespräche. Aber Gottchen, was sollte er auch machen! Es war außer ihm ja niemand da. So was passiert, wenn man allein ist und niemanden hat, mit dem man sich unterhalten kann. Da wird man eben Allein-Unterhalter.

IV.

Selbstgespräche gehören auch bei philosophischen Alleinunterhaltern zu deren Haupt-Beschäftigung. Philosophie, so erklärte Platon, der sich schon zu Lebzeiten »der Göttliche« nennen ließ, sei ein »Gespräch der Seele mit sich selbst«.

Im Selbstgespräch der frühen philosophischen Tiefsinner ging es immer um Unergründliches – eben um das, was auch uns (zumindest mich) hier beschäftigt: um den Anfang.

Demzufolge ist der Denker unentwegt auf der Suche, sagt Aristoteles, der große antike Selbstbesprecher. Er gräbt und grübelt und gründelt tief und tiefer nach dem ersten Ursprung des »bewegten Seins«.

Es ist nicht etwa das Lebendige, das ihn interessiert – nein, ein großer Denker hat seine Gedanken ganz woanders. Er will wissen, wer oder was diesem »bewegten Sein« den ersten Anstoß gab. Er sucht nach »dem unbewegten Beweger«. Das ist Gott auf Aristotelisch.

V.

Und wenn Sie nun meinen, die heiligen Schriften und die hehren Worte unserer größten Geister seien von mir auf das Profanste ausgelegt, so haben Sie wohl recht. Als Narr steht mir das Wort in den Sphären der erhabenen Geister gar nicht zu. Deshalb biete ich meine Auslegware in einem Bereich feil, in dem ich mich auskenne: im Profanen.

Das *pro-fanum* war bei den Römern der Platz vor dem Tempel. Das *fanum* hingegen war der geweihte Ort für die Fans der Götter und für gläubige Fan-atiker.

In aller Welt liegt vor der Kirche, der Moschee, der Synagoge, dem Tempel der Allgemein-Platz des Profanen, der banale Ort des alltäglichen Handels und Wandels. Hier findet auch der Jahrmarkt statt, wo Artisten und Gaukler und Narren und zuweilen auch närrische Wort-Spieler für deftige Lustbarkeit sorgen. Ein fragwürdiges, gottloses Treiben, das jedem wahren Erleuchteten im Geiste zuwider sein muss. Darum zieht sich der lieber zurück in seine Klause zur einsamsten Klausur.

Dort fährt der Geist, sich seiner selbst ent-sinnend, philosophisch aus der Haut. Denn wenn er so richtig abhebt, verlässt der Geist seinen Leib. Den Körper lässt er im stillen Kämmerlein zurück – oft mit einem fetten Steiß, denn die Wichtigkeit eines tief sitzenden Gedankens verhält sich meist proportional zur Gewichtigkeit des ersessenen Fleisches. Ist der Geist willig, bleibt das Sitzfleisch nicht schwach.

VI.

Der erste der vielen abendländischen Miesegeister hieß Parmenides, der älteste philosophische Hohepriester der Logik, der das Sein nur in einer Form gelten ließ – als Tot-Sein zu Lebzeiten.

Die gewöhnlichen Menschen seien nun einmal zum Nicht-Sein verdammt. Und warum? Weil sie leben. Und das Leben hat leider die blöde Angewohnheit, irgendwann zu vergehen. Es ist kein dauerhaftes Sein, also ist es ein Nicht-Sein.

Das sind die ersten fundamentalen Geistesverstörtheiten der Logik: Die Lebenden sind die Nicht-Seienden. Zum Schauder der philosophischen Nachwelt vermeldet Parmenides: Diese Nicht-Seienden wimmeln und wuseln ihr ganzes Nicht-Sein lang in einer ekligen Scheinwelt herum. Eine riesige Höhlenhölle, in der nichts als Chaos herrscht. Eine uterale Unterwelt, die von einer igittigittigen Dämonin beherrscht wird, die alles zu immer neuer »grausiger Geburt und Paarung« treibt.[5]

Auch Platon fantasiert sich in einem obskuren Höhlengleichnis die Welt als eine Art Uterus zurecht, in der die gewöhnlichen Menschen wie Föten fest angenabelt sind. Unwissende, die jeden Gaukelschein im Halbdunkel für etwas Wahr-Scheinliches halten. Das herrliche Licht des rechten Sehens hingegen leuchtet nur jenem (nicht m/w/d – nur m), der aus diesem unterweltlichen Uterus ausbricht und hinaufstrebt zur Sonne des reinen Geistes. Derart geblendet kann er fürderhin ab-sehen von allen menschlichen Schnödigkeiten. Im grellen Licht der letzten Wahrheiten wird's für den Geblendeten zappenduster. Er schließt die Augen vor dieser irdischen Welt und blickt hinauf in die himmlischen Höhen.

Zugegeben: Das kann Vorteile haben. Ein früher Philosoph namens Thales soll aufgrund solcher Himmelsbeobachtungen sogar Sonnenfinsternisse vorausgesagt haben. Hingegen waren seine Erdbeobachtungen eher spärlich, zumindest was jene Schritte betraf, die konkret vor ihm lagen. Versunken in seinen elysischen Gedankengängen, stolperte er eines Tages bei einem seiner irdischen Spaziergänge und fiel in einen Brunnen. Seine Gefährtin, »eine witzige und reizende thrakische Magd«, hat ihn daraufhin verspottet: Er sei zwar fähig, die Dinge am Himmel zu erkennen, aber nicht die Wirklichkeit direkt vor seinen Füßen.

Ironischerweise sorgte diese Anekdote dafür, dass besagter Thales in der Philosophiegeschichte bis heute unvergessen

5 Das alles ist sehr viel genauer in den wunderbaren »Dahlemer Vorlesungen« des Religionsphilosophen Klaus Heinrich nachzulesen, dem ich so manche Ein- und Ansicht in diesem Buch verdanke.

ist. Das spöttische Lachen einer thrakischen Magd hat ihn für die Nachwelt unsterblich gemacht.

Nebenbei bemerkt, wird jene Magd jenem Thales auch anderweitig zu eher irdischen Diensten verpflichtet gewesen sein, wie es die damaligen Vorschriften für Dienstmädchen ganz allgemein verlangten. Doch von ihren etwaigen Schwangerschaften berichtet der Mythos nichts. Nur die gedanklichen Hervorbringungen der mythischen Gebärväter waren (oder sind?) in der Philosophie von Bedeutung.

Große Geister gebären eben mehr geistig (es bleibt ihnen auch nichts anderes übrig). Das gilt für mittelgroße Ungeister wie mich ebenfalls. Ist doch dieses Buch die späte Ausgeburt einer Idee, die in mir zunächst nur sehr vage keimte. Ja, ich gestehe: Ich habe abgetrieben! So manchen Entwurf, leichtsinnig gezeugt im Rausch des Assoziierens, in der Leidenschaft des kopulierenden Denkens, habe ich mir wieder schmerzhaft aus dem Hirn reißen müssen. Zerknüllte Notate, die hinweggespült wurden im Lokus des Vergessens, hineingeschwemmt in den Orkus der städtischen Kanalisation.

Doch irgendwann wuchs dieses embryonale Gedankenbalg heran, sodass ich es schließlich austragen musste. Und ich gebe zu, dass diese obskure Schöpfung bald eine seltsame Fürsorglichkeit in mir weckte.

Wie sprach Friedrich Nietzsche, als er einst mit seinem Zarathustra im Wochenbette lag:

> *»Mutterliebe – sie ist mit der Liebe des Künstlers zu seinem Werk zu vergleichen.«*

Auf einmal fühlte sich Nietzsche unbeschreiblich weiblich: Erzeugt doch

> *»die geistige Schwangerschaft den Charakter des Kontemplativen, welcher dem weiblichen Charakter verwandt ist. Es sind die schwangeren Schöpfer die männlichen Mütter«.*

Ein Schöpfer in uteralen Wehen: die Père-Version des Mütterlichen.

KAPITEL 7,

in dem »Marduk der Ripper« eine alte Mutter zu Hackfleisch verarbeitet, um an Materie für seine Schöpfung zu kommen

I.

Kommen wir zurück zu den antiken Kriminalberichten, zu all den Mord- und Totschlagsgeschichten, in denen die göttlichen Fleischermeister in der archaischen Hackfleischindustrie aktiv waren.

Übrigens: Als Kriminalberichterstatter habe ich einige Erfahrung. Schon im Alter von achtzehn Jahren (und das ist wahrlich eine Weile her) fing ich als Polizeireporter bei einer Berliner Boulevardzeitung an. Der Verleger hatte sich auf das eiskalte Motto versteift: »Jede Leiche belebt das Blatt.« Nachtein, nachtaus war ich mit einem Fotografen auf den Straßen unterwegs, um Krankenwagen und Funkstreifen auf der Suche nach einem Post-mortem-Scoop zu verfolgen.

Danach war es meine Aufgabe, aus der Redaktion die Polizeireviere anzurufen und die weiteren Leichen einzusammeln, die sich während meiner Schicht angehäuft hatten. Und regelmäßig, während ich am Telefon war, steckte der Verleger seine Schlagzeilenschnüffelnase ins Reporterzimmer. Sein dringendes Bedürfnis war immer dasselbe: »Ist da ein Aufmacher für die Titelseite drin?« Alles andere war ihm blut-wurscht.

Wenn ich keinen passenden Mord im Angebot hatte und ich mit dem Telefon am Ohr abwinken musste, legte sich seine Stirn in tiefe, gequälte Dackelfalten. Sein Blick blieb für einen kurzen Moment traurig triefend auf mir haften, ehe er mit energischem Nachdruck die Tür zufallen ließ, mir derart zufällig besagend, was für ein lausiger Leichenbeschaffer ich sei. Ach, wie gern hätte ich ihm manchmal den gewünschten Aufmacher geliefert – am liebsten über seine eigene Leiche.

Immerhin weiß ich seither: Wo niemand kaltgemacht wird, gibt es keine heiße Story.

Womit wir wieder bei den Mordskerlen wären, die die meisten Schöpfungserzählungen bevölkern – von der babylonischen *Enuma Elisch* über die griechische *Theogonie* bis zur nordischen *Edda*.

Sie alle haben die matriarchalischen Gottheiten, die früher die Welt chaotisiert hatten, »zerhauen, zerstochen, zermalmt, zerschmettert, zertreten« (wie schon gehabt bei Hiob). Gut, ich gebe zu, diese Urmütter waren vielleicht nicht immer die angenehmsten alten Damen, sondern eher mürrische Drachen, und ich könnte mir keine von ihnen als Schwiegermutter vorstellen, zumal ihre Töchter auch nicht gerade die ansehnlichsten Ausgeburten waren.

II.

Eine Zwischenbemerkung scheint mir hier notwendig zum Thema der Urmütter: Es feministet in mancher ökoromantischen Nische eine ganz andere Mär von diesen Muttergöttinnen. Hier nur eine kurze Kostprobe aus einem entsprechenden Brevier des esoterischen Laberglaubens:

»Die Große Göttin war keine abstrakte, strafende Gewalt, sondern die unterschiedslos Liebende ... Ihre Herrschaft be-

deutete Harmonie mit Natur und Leben, nicht Unterwerfung ... Ihr Herrschaftsinstrument war nicht Wissenschaft, sondern Weisheit ...«

O Göttin! So verschmachtet und umnachtet die süchtige Seele in den laberlauen Waberwinden, die als sanfteste Blähungen herniedersäuseln.

Ich übersetze mal: Da war also angeblich eine Herrschaft, wo keine Herrschaft war, sondern eine Herrinschaft, und da herrschte zwar eine Herrin, aber eben doch wieder nicht. Sie war zwar die Herrin, also die Obere, die Alles-Bestimmende, die Große Göttin gar, aber es gab nur ein Oben und kein Unten, und so gab es nichts zu beherrschen, weil die unterschiedslos Liebende alle so, so lieb hatte ...

Nun ja, das Einzige, was hier tatsächlich nicht beherrscht wird, ist die Sprache.

III.

Die alten mütterlichen Drachen wüteten in den chaotischen Höhlen einer unvorstellbar fernen Vergangenheit.

Im alten Babylonien war es Tiamat. (Sie erinnern sich an die biblische Tohu aus dem Tohuwabohu? Tiamat war, wie gesagt, ihr Zweitname.) Sie war eine donnerbusige, brüllbrünstige Drachenmami, von der Mann sich die schauerlichsten Horrorgeschichten erzählte. Sie war nicht besser dran als ihre Kolleginnen in anderen Schöpfungsgeschichten. Welch urig Weib auch immer in griesegrauer Vorzeit den Beruf einer Muttergöttin ausübte, es kam bald in übelsten Verruf.

Stets mussten göttliche Recken kommen, um sie zur Strecke zu bringen. Bei Drachenbefall ist das in allen Mythen

Usus. Man holt einen heroischen Kammerjäger, der dafür sorgt, dass die Urhöhle ungeheuerfrei wird.

Auftragskiller, die ihre Massaker keineswegs geheim hielten. Freien Killermutes prahlten sie ganz offen mit ihrer ansehnlichen Leichenschau. Es war für sie von entscheidender Bedeutung, dass die Nachricht von ihren Abschlachtungen weithin verbreitet wurde. Dies zeigte schließlich, dass die weibliche Urkraft vernichtend geschlagen war und eine neue Vormacht das Kommando übernommen hatte.

Es war ein göttlicher Killer namens Marduk, der die chaotische Tiamat niedermachte. »Er schnitt sie auf wie einen Fisch«, heißt es in den Chroniken über Marduk the Ripper. (Mein einstiger Zeitungsverleger hätte vor Wonne geächzt – dezent, versteht sich. Er war stets ein vornehmer Ächzer: horrorig, doch honorig.)

Aus der oberen Hälfte der zerschlitzten Tiamat schuf Marduk den Himmel, aus der unteren Hälfte die Erde. Für den mörderischen Schöpfergott Marduk hatte diese Verhackstückerei einen praktischen, ja materiellen Sinn: Die Urmutter lieferte ihm die Urmaterie für seine Weltenschöpfung.

IV.

Vom Babylonischen sind wir unversehens ins Lateinische geraten: *Materie* kommt von *Material* und das *Material* kommt von der *Mater*, der Mutter. Material – so nannten die alten Lateiner das Bauholz, das die Bäume lieferten, die aus der Erde, dem Schoß der mythischen Mutter, der *Mater Terra*, hervorwuchsen.

Damals wie heute: Die Materialien dieser Schöpfung sind die Bretter, die man auch gerne als Kopfschmuck vor der eigenen Stirn trägt mit der Aufschrift »Wegen Unterfüllung geschlossen«: die Bretter mit denen wir uns die abgeholzte Welt vernageln.

Zugleich sind es die Sargbretter, in denen wir unsere Welt irgendwann einsargen können. In diesen Sargbrettern geht es zum Schluss ganz materiell wieder abwärts, also hinein in den Schoß der Erde, wo wir der Materie als Nährboden dienen. So schließt sich der Kreis im mütterlichen Recycling. Hysterisch-dialektischer Materialismus.

Nun steht das urmütterliche Material, wie Gott Marduk uns demonstriert, erst nach einem satten Gemetzel zur freien männlichen Verfügung. Der maskuline Schöpfergeist ist es, der aus der mütterlichen Vorlage etwas Brauchbares macht. Ihr Schoß ist die Brutstätte seiner Genialität. Für ihn gilt das Schöpfungsgebot: Die Materie als solche ist seelenlos; sie ist nichts als Stoff, der noch zu formen ist.

Aristoteles, der griechische Männchenkenner (»Ein Weibchen ist ein verkrüppeltes Männchen«, verkündete er) hat diesen Grundgedanken konsequent auf die Menschenmacherei übertragen: Der physische Teil, der Leib des Kindes stammt von der Frau, die Seele vom Mann. Daran ist wissenschaftlich wohl kaum zu zweifeln, wie später ein Gott-Fried namens Leibniz bestätigte:

> *»Im Übrigen haben neuere Forschungen ergeben, dass Seele und beseelter Leib allein vom Vater stammen. Die Mutter hingegen liefert in der Empfängnis gleichsam eine Umhüllung (in Eiform, wie man meint), damit die für das Wachstum des jungen Organismus nötige Nahrung dargereicht wird.«*

Materie wird zu Geist geformt. Mütterliche Unordnung wird zur väterlichen Anordnung. Ins Welt-Ursprüngliche rückübersetzt:

Chaos wird zum Kosmos.

KAPITEL 8,

in dem sich ein Herr Apoll eine göttliche Gebärmutter aneignet und dann die erste Rating-Agentur gründet

I.

Oh, wie viele Recken und Helden haben sich in diesem Schlächtereigewerbe unsterblich gemacht und sind damit in die göttliche Champions League aufgestiegen! Wie viele grausige Drachenköpfe kamen unter das Schwert und wuchsen doch gleich wieder nach in einer unsagbar wütenden Wiedergeburt: Nachkommen jener unheimlichen, widerspenstigen Schlangenmutter, die sich immer wieder häutete und dadurch ständig neu geboren wurde. Die Schlange (auf Griechisch *drakon*) und der Drache sind ein und dasselbe. Die dauernde symbolische Wiedergeburt macht sie für die heroischen Schlangenbeschwörer so furchterregend.

Wie erwähnt, erfordert die Austreibung des Drachens die Fähigkeiten eines Spezialisten, eines Heroen.

So einer war Apoll, ein Sohn des Zeus – eine griechische Lichtgestalt. Für die klassische Philosophie wurde er zum göttlichen Vorbild, weil er die Macht der Urweiber und ihrer missratenen Brut endgültig gebrochen hatte. Damit war die finster-bestimmende Natur ausgeschaltet und die Kultur des erleuchteten Geistes ins rechte Licht gerückt.

Auch Apoll musste zunächst einen ungeheuren Kampf bestehen gegen das ungeheuer Weibliche, gegen eine schreckliche Riesenschlange. Ihr Name war *Delphyne*, auf Deutsch: die Gebärmutter. Homer beschreibt sie mit genussvollem

Entsetzen als »ein aufgeblähtes, riesiges Drachenweib, ein wildes Ungetüm, das den Männern auf Erden großes Unheil zufügen will«.

Delphyne bewohnte ein Eigenheim in dem nach ihr benannten Delphi. Es war zugleich der Tempel der Erdgöttin Gaia. Auf diese Immobilie war ein aufstrebender Spekulant mächtig scharf, eben besagter Apoll. Doch der Tempel wurde schwer bewacht von dem Gatten der Delphyne. Dessen Name war Python und auch er war ein ausgewachsenes Monster in Schlangenform. Eine der vielen Ausgeburten aus dem Schoß der Gaia.

Nachdem Apoll Delphyne unter seine Kontrolle gebracht hatte, jagte er den Python quer durch den Tempel der Erdgöttin und massakrierte ihn schließlich. Dann zerstückelte er den ungeheuerlichen Buben und warf dessen Überreste in den heiligen Spalt, der inmitten des Tempels klaffte.

Delphi liegt am Fuß eines Vulkans. Vulkane galten als die feurige Vulva der Erdmutter, gefürchtet wegen der gelegentlich allzu leidenschaftlichen Eruptionen. Diese Spalte im Gaia-Tempel wurde als vaginale Öffnung im feurigen Schoß nicht minder heftig gefürchtet und zugleich begehrlich verehrt.

Mit Entsetzen erzählt auch einer der frühen Gnostiker von der unheimlichen Natur der Erdmutter, die »ihre dunkle Scheide von Zeit zu Zeit umdreht, und so schleudert sie die Kraft des Feuers hervor, die von Anfang an in ihr war«.[6]

---

6 Gnostiker waren jene urchristlichen Sektenbrüder und -schwestern, die bei fantasiereicher Bibelauslegung eine tiefgläubige Esoterik produzierten. Den Kirchenvätern waren sie schon deshalb verdächtig, weil Frauen und Männer bei ihnen gleichberechtigt den Gottesdienst verrichteten als Priesterinnen und Priester.

II.

Apoll erklärte nach der feindlichen Übernahme des erdmütterlichen Tempels diesen sofort zum Firmensitz seines genial geplanten Start-up-Unternehmens. Er stieg voll ins Erkenntnisgeschäft ein. Den Kernsatz seiner Unternehmensphilosophie, wie man heute sagen würde, ließ er als Werbeslogan über den Firmeneingang meißeln: »Erkenne dich selbst«.

Natürlich wollte er zwecks Image-Aufbesserung auf eine gewisse Traditionspflege der Tempelgeschichte nicht verzichten, um mit dieser Identity-Performance einen Credibility-Access früherer Klientel zu erleichtern (wenn Sie verstehen, was ich meine. Falls ja, wäre es freundlich von Ihnen, mir das zu erklären). Also griff er auf das frühere Personal zurück, in diesem Fall auf eine präsenil verwirrte Priesterin namens Pythia. Die wurde verpflichtet, im Tempel einzusitzen über Gaias Spalte auf einem dreibeinigen Schemel. (Auch dieses Dreibein ist ein verschämtes Symbol für das unverschämte Dreieck des weiblichen Schoßes, wie es uns Goethe entschlüsselt mitteilt – mit dem »Faust« im Nacken, zweiter Teil.)

Jedenfalls saß Madame Pythia auf diesem Spalt, auf dieser erdmütterlichen Vagina, aus der ständig vulkanisches Gebrodel mit allerhand Gedampfe heraufdrang, dazu ein Quellgemurmel von Magmaströmen. Diese unterschwelligen Quellen-Angaben waren als hingestänkerte Verlautbarungen aus dem Schoß der Erdmutter zwar hörbar, aber für irdische, gar männliche Ohren nicht zu verstehen.

Deshalb fungierte die Pythia, schwer umnebelt von allen Ausdünstungen, als Verkünderin dieser hingedampften Botschaften. Sie war eine televisionäre Dampfplauderin schon lange vor der Erfindung von gruppendynamischen Fernsehschwafeleien.

So sabbelte und sabberte auch Pythia nur wirres Zeugs vor sich hin, das kein vernünftiger Mensch verstehen konnte, das aber angeblich ungeheuer bedeutsam war. Um dieses wirre Zeug in scheinbar nicht mehr ganz so wirres Zeug zu übersetzen, hatte Apoll ein paar Experten engagiert, eine verschworene Gemeinschaft von weisen Hohepriestern, deren Fantastereien dann gegen Fantasiepreise verhökert wurden. Ein fantastisches Geschäft, bei dem Apoll phänomenal abkassierte (natürlich ohne Steuern abzuführen; eine altgriechische Tradition). Wie die erhaltenen Aufzeichnungen aus Delphi zeigen, ließen sich dort auch die Herrscher griechischer Stadtstaaten mehr als zweifelhafte Weissagungen über die ökonomische und politische Zukunft ihres Gemeinwesens erteilen. In einigen Fällen führte das direkt in den Staatsbankrott.[7]

III.

Dies ist das misogyne Vermächtnis von Delphi: Nachdem Apoll die mythische Gebärmutter alias Delphyne unter männliche Kontrolle gebracht hatte, war sie domestiziert und so für den medi-zynischen Hausgebrauch nutzbar gemacht. Gefügig schlängelt sich das einst so gefährliche Schlangenweib fortan in Form einer Natter um den männlichen Stab – um den des Äskulap, Sohn des Apoll. Ein Symbol, das als Zeichen der Unterwerfung zu lesen ist. Die weibliche Natur, ihr Körper, unterliegt der Vorherrschaft seines erigierten Zepters.

---

7 Was da als Orakelei abgesondert wurde, war meist nur hypothetischer Unsinn – ähnlich wie die spekulativen Ratereien moderner Rating-Agenturen. Also das, was die heutigen Wirtschaftsweisen im Tempel der heiligen Märkte immer noch von sich geben als unergründlichen Ratschluss. Sie sehen: Viel hat sich nicht geändert.

In einem Gebot sind sich alle großen Religionen trotz der vielen Glaubenskriege einig: Frauen sind Männersache. Und dabei hat es zu bleiben.

Deshalb ist der Uterus wohl die einzige private Produktionsstätte, die von den kapitalgläubigen Klerikern jeglicher Glaubens-Couleur immer wieder zwangsweise sozialisiert wurde.

IV.

Damit sind wir mal wieder in der Gebärmutter, in diesem Fall der delphinischen, stecken geblieben. Und weil wir dort sowieso so schnell nicht wieder herauskommen, wenden wir uns noch einmal dem Bauch von Mutter Erde zu. Obwohl Apoll, der erfolgreiche Start-Upper, ihre Kultstätte in Delphi besetzt und in ein Orakel-Geschäftszentrum verwandelt hat, ist sie noch nicht besiegt.

Gaia regierte immer noch die Welt. Zeus hingegen beanspruchte die alleinige Macht für seine globalen Pläne. Sein Motto: »Olympus first!« Es ging also, wie unter Supermächten üblich, um die Weltherrschaft. Die letzte Schlacht fand auf dem Ätna statt.

Als Zeus kurz davor war, aus dieser Schlacht als Olympiasieger hervorzugehen, schickte die Erdmutter Gaia ihren Sohn Typhon als letztes Aufgebot ins Gemetzel. Dieser Typhon war ein leicht missgebürtiges Bübchen mit »hundert Köpfen wie die von Schlangen und scheußlichen Drachen«, so Hesiod. Wenn der mit seinen hundert Köpfen aus hundert Kehlen synchron ausatmete, ging es stürmisch zu. Doch als Zeus seinen Donnerkeil auf ihn niederbomben ließ, ging dem Typhon die Puste aus. Mit seinem letzten Lebenshauch ließ das »furchtbare, schreckliche Ungeheuer« einen Wind durch seine Eingeweide wehen, einen Wind, der seither verheerende Stürme, die Taifune, verursacht.

Für Zeus war es nicht mehr als ein Furz in der Geschichte: Die Macht von Mutter Erde – vom Darmwinde verbläht ...

KAPITEL 9,

in dem Thor nicht mehr weiß, wo sein Hammer hängt, und allerhand Schwächlinge sich unter einer Tarnkappe vereinen

I.

Damit keine Irrtümer auftauchen: Wenn auch Marduk the Ripper, Zeus der Zerhacker und die anderen Mitglieder der internationalen Göttergang, mit denen wir es bislang zu tun hatten, nahöstliche Terroristen und südländische Schlagetots waren, so geht es keineswegs nur um Ausländerkriminalität.

Auch die Heroen der germanischen und nordischen Sagenwelt müssen sich im damaligen Teutonic Park ihren Heldenruf in Sachen Mord und Meuchel mit dinosaurer Schwerstarbeit ermetzeln. Da wimmelt es nur so von Lind- und Tatzelwürmerei, von den Wurmfortsätzen männlicher Fantasie, die stets aufs Neue blutig wegoperiert werden müssen.

In der isländischen *Edda*-Saga war es Thor, der zunächst die weltumspannende Midgardschlange zunichtemachen musste. Thor trug immer einen Hammer mit sich herum, eine Wunderwaffe. Wenn er sich kurzfristig von diesem Hammer trennen musste, um ihn gegen einen Feind zu schleudern, bumerangte das Ding danach immer wieder zurück an seine Lenden. Thors Hammer war ausgesprochen anhänglich, um es möglichst unverfänglich auszudrücken.

Umso schmerzhafter war es für ihn, als ihm dieser Hammer eines Nachts im Tiefschlaf aus dem Schoß gestohlen wurde. Der Räuber war ein fieser Troll aus dem Reich der

Finsternis. Diese Trolle waren aus dem Chaos heraus geboren worden, aus dem *ginnun gagap*, dem gähnenden Schlund der Unterwelt am Anfang der *Edda*-Saga. Dort unten hausten sie weit weg von der Oberschicht der nordischen Götter.

Thors geklauter Hammer wurde zum Erpressungswerkzeug. Die Trolle erklärten, dass sie ihn nur dann zurückgeben würden, wenn die Göttin Freia aus dem Reich der Götter zum Umzug in das chaotische Schattenreich bereit wäre. Schließlich würde sie als Fruchtbarkeitsgöttin in den Urschoß des Chaos gehören. Dort sollte sie den Trollkönig heiraten, damit ihre Fruchtbarkeit auch zu etwas nutze wäre.

Als der hammerlose Thor vorschlug, Freia an die Unterweltwichte auszuliefern, bekam die Göttin einen furiosen Wutanfall. Sie wollte ihren himmlischen Schoß nicht den Interessen einer Außenhandelspolitik unterwerfen. Es kam zu einer Krisensitzung im nordischen Oberhaus der Götter. Die göttlichen Parlamentarier, Asen genannt, verabschiedeten nach langer Debatte einen Antrag, den Freia zur Abstimmung gestellt hatte – nämlich, dass der tumbe Thor sich gefälligst selber seinen Hammer zurückholen solle. Er müsse sich nur als Frau verkleidet ins Reich der Trolle begeben und behaupten, dass er die Fruchtbarkeitsgöttin sei.

Ein Plot wie in einer leicht zotigen Trashcomedy: Thor musste sich also mit allerhand Polstern am Busen abrunden und die falschen Brüste mit viel falschem Schmuck drapieren. Stimmlich war er wahrscheinlich ohnehin ein paar Oktaven höher gerückt nach dem Verlust seines Hammers. Und so begibt er sich auf die Reise ins Chaos, um den Trollkönig bei der Hochzeit zu überlisten.

Tatsächlich merkte dieser trollige King zunächst nichts. Die Hochzeit fand also statt. Und als die beiden zu Mann und

Frau erklärt worden waren, legt der Trollkönig den gestohlenen Hammer als Hochzeitsgeschenk in den Schoß seiner angeblichen Braut. Wer auch immer sich diesen schwer behämmerten Mythos ausgedacht hat, es mangelte ihm sicher nicht an Freud'scher Fantasie: Da ist ein als Frau verkleideter Mann, dem ein anderer Mann einen Hammer in den Schoß legt, wo der ohnehin hingehört. Und dann verwandelt sich die angebliche Frau prompt wieder in einen Mann. Ein Beispiel für eine sagenhafte Trans-Sexualität diesseits und jenseits der Borderline.

Wie dem auch sei: Jedenfalls reagierte Thor nun wieder männlich hammerhart. Also griff er in seinen Schoß, nahm sein Ding und hämmerte auf Gedeih, oder genauer: auf Verderb alle Trolle in tausend blutige Stücke.

Und so kam das nördliche Chaos schließlich unter den Hammer.

II.

Es gibt noch einen anderen nördlichen Helden, der als Drachentöter in hiesigen Gauen unsterblich wurde. Sein Name ist Siegfried oder Sigurd. Der erschlug den Drachen Fafnir, den Tolkien später als Vorbild für das Ungeheuer Smaug in »Der Hobbit« wählte.

Davon berichtet das *Nibelungenlied*, ein germanisches Heldenepos mit allen Elementen einer erfolgreichen TV-Serie: Sex und Crime, Vergewaltigung und Raub, Intrigen und Schande, Verrat und Gemetzel, garniert mit fiesen Drachen, bösartigen Zwergen, hinterhältigen Hexen und Walküren zu Pferd.

Ich möchte nur von einem einzigen Kapitel dieses ganzen Dramas erzählen. Es ist zwar keine Schöpfungsgeschichte, aber eine weitere wahnwitzige Story über den brutalen Kampf an der Geschlechterfront.

Das *Nibelungenlied* ist in altgermanischen Reimversen geschrieben – und das hört sich am Anfang so an:

»Uns ist in alten Mären
Wunder viel gesagt
von Helden, reich an Ehren,
an Kühnheit unverzagt.«

Nun haben zwar in dieser Sage die Helden das Sagen, doch eigentlich geht es mehr um ihr Versagen. Das liegt daran, dass der stärkste Held hier eine Heldin ist, nämlich die Königin Brunhild von Island. Sie hätte ohne Weiteres eine heroische Comicfigur aus den Schöpfungsmythen des amerikanischen Marvel-Imperiums sein können. Sie war nämlich eine Art Superfrau, die jeden Mann an körperlicher Kraft übertraf. In den Disziplinen Gewichtheben und Speerwerfen hätte Brunhild jede Olympiade gewonnen. Leider war der Austragungsort der Olympischen Spiele damals noch zu weit vom Nibelungenreich entfernt.

Über sie heißt es in der Sage:

»Schön war sie über die Maßen,
gewaltig ihre Kraft.
Sie warf mit schnellen Degen
um die Minne den Schaft.«

Mit Degen sind die männlichen Helden gemeint. Die werden nach den Waffen benannt. Meist handelt es sich um Degen ohne Bregen.

Der Schaft, den Brunhild warf, war ein Wurfspieß. Den hatte sie umgedreht gegen die verspießerten Herrschaften, die um sie herumwimmelten. Das waren alles königliche Freier, die schon zu Hause ein Vaterland hatten, die aber unbedingt Brunhildes Mutterland noch dazuhaben wollten. Doch Brunhild machte zur Bedingung, dass sie erst im Wettkampf besiegt werden müsste, bevor sie einem Freier auch erotisch unterliegen würde.

Diejenigen, die ihr Herz an sie verloren hatten, gingen ein großes Risiko ein. Wenn einer der verliebten Helden von Brunhild besiegt wurde, verlor er nicht nur sein Herz, sondern auch seinen Kopf. So hatte Brunhild inzwischen eine ganze Sammlung von Ober-Häuptern in ihrer Vitrine stehen. Wo der kopflose Rest verblieben war, wird nicht erwähnt im *Nibelungenlied.*

Brunhilds Kraft wollte ein gewisser König Gunther endgültig brechen. Ein gewagtes Unterfangen, denn leider war er ein erbärmlicher Schwächling. Und was macht nun ein Schwächling, wenn er mit einer starken Frau nicht zurechtkommt? Ganz einfach: Er holt einen anderen Schwächling zu Hilfe. Dieser andere Schwächling heißt Siegfried. Und damit nicht jeder merkt, was für ein Schwächling er ist, trägt er eine Tarnkappe.

»Wenn der kühne Siegfried die Tarnkappe trug,
hatte er unter der Hülle Kräfte genug.
Zwölf Männer Stärke zu seinem eigenen Leib.
Er gewinnt mit großen Listen das gar herrliche Weib.«

Das bedeutet: Um eine starke Frau zu besiegen, müssen die Männer zusammenhalten. Zwölf Kerle waren also schon mal unter der Tarnkappe versammelt. Siegfried kam dazu: der dreizehnte. Dreizehn Mann und ein Schaft. Eine Mannschaft. Eine Mannschaft ist das, was die Frau meistens schafft.

Mit derart vereinten Kräften schaffen es die Kerle als geheime wurfstarke Truppe tatsächlich, den Schaft etwas weiter zu werfen als Brunhild. Gunther war der Vierzehnte im Bunde. Der Schein-Werfer.

Nun musste sie Gunther heiraten.

Aber sie ahnt, dass sie durch ein Männerkomplott hereingelegt worden ist, gewissermaßen durch einen Körpergeist – Korpsgeist nannte man das später. In der Hochzeitsnacht will sie deshalb nicht mit ihm aufs eheliche Laken. Sie gibt Gunther folgenden asketischen Bescheid:

»Ich will noch Jungfrau bleiben,
Ihr wohl das wissen sollt,
bis Ihr über alle Dinge
die Wahrheit mir gestehen wollt.«

Er muss nun unbedingt ihren Drang nach Wahrheit bändigen, denn er kann sein dringendes Bedürfnis nicht mehr zähmen. Besessen von der Lust auf ihr königliches Fleisch drängt er sich auf ihre Seite. Sie findet das penetrant. Rigoros beendet sie die lästige Drängelei auf höchst ungewöhnliche Weise – und das ist zugleich die schönste Stelle im *Nibelungenlied*:

»Die Füße und auch die Hände
zusammen sie ihm band,
trug ihn zu einem Nagel
und hing ihn an die Wand.«

Ein starkes Stück, einen Helden so an den Nagel zu hängen. Zugegeben, Brunhilds Methode der Empfängnisverhütung war ziemlich brutal. Gunther hing nun oben, sie konnte unten ruhig schlafen.

Er hatte hoch oben die ganze Nacht Zeit, sich über diese Sorte von Hoch-Zeits-Nacht Gedanken zu machen. Irgendwie hatte er sich das doch anders vorgestellt. Auch die Sache mit dem Unten und Oben.

Eine solche Schmach verlangt nach heldenhafter Solidarität. Jetzt kommen Siegfried und seine unsichtbaren Komplizen noch einmal zum Zuge. In der darauffolgenden Nacht schleichen er und seine Männerriege sich in Brunhilds Schlafgemach, wo sie schon bereit ist für den nächsten nächtlichen Geschlechterkrampf mit ihrem Möchtegernbegatter. Doch statt sich mit dem schwachen Gunther anzulegen, muss sie nun gegen eine dreizehnfache männliche Überlegenheit ankämpfen.

Es beginnt eine harte Schlacht, die sich über Stunden hinzieht. So leicht ist Brunhild nicht zu besiegen. Fast gelingt es ihr, Siegfried und seine männliche Streitmacht in eine große Truhe zu sperren. Nun musste zu der Kraft von dreizehn Kerlen noch etwas hinzukommen, nämlich die Angst des gedemütigten Mannes. Siegfrieds Angst ist nicht etwa, dass er sterben könnte. Das macht ein Held schon mal ganz gern. Doch entscheidend ist dabei, wie und durch wen.

»O weh, dachte der Recke: Soll Leben ich und Leib
durch eine Magd verlieren? Dann möchte jedes Weib
hiernach immer höher tragen ihren Mut.
Dann versucht es gar manche, die solches nimmer tut.«

Eine entsetzliche Magd-Analyse. Dieser fürchterlich entmannende Albtraum vom Ende der Männerherrschaft lässt in Siegfried den wütenden Mut der Verzweiflung wachsen. Seine heldengeschlechtliche Mannschaft reißt sich noch einmal gemeinsam am Riemen – und nach langem Gerangel ist Brunhild besiegt. Es bleibt ihr nichts anderes übrig, als sich dem Heer der fremden Eroberer zu ergeben.

Siegfried meldet daraufhin Gunther: Es ist angerichtet. Er meldet also den mannhaften Vollzug. Und Gunther vollzieht nun weiter. Und dies ist das Fazit des *Nibelungen*-Dichters nach der kollektiven Vergewaltigung:

»Da war sie auch nicht stärker als jedes andere Weib.
Er koste in Minne ihren schönen Leib.
Versuchte sie sich zu sträuben, das war vergeb'ner Wahn,
das hat mit seiner Minne König Gunther getan.«[8]

III.

Auf diese nächtliche Gruppennotzucht folgte ein gnadenloses Weibergebalge zwischen Brunhild, der Frau Gunthers, und Kriemhild, der Frau Siegfrieds. Kriemhild verkündete überall, dass ihr Gatte bei Brunhild das *»ius primae noctis«*, also den primären Vollzug, vorgenommen hätte und dass Gunther eine schon »gebrauchte« Nicht-mehr-Jungfrau übernommen habe.

Dies wiederum führte zu einer schier endlosen und enthusiastischen Abschlachterei unter allen beteiligten Helden

8 Oder, um es in meine berlinische Dichtkunst zu übertragen:
»Seit Siegfried weiß es jeder Spinna:
Die Minne macht das Weib zur Minna.«

nebst eheweiblichem Anhang. Ein Gemetzel bei Herrn Etzel, dem Zweitgatten der Kriemhild.

Aber wenn Sie sich für den langwierigen Rest der Nibelungen-Serie interessieren, lassen Sie sich die nächsten Akte von Richard Wagner vorführen. Allerdings macht er dabei einen ziemlich hirnbetäubenden musikalischen Radau. Bitte verzeihen Sie mir, wenn ich mir die Ohren zuhalte.

KAPITEL 10,

in dem das weibliche Geschlecht dem männlichen die Zähne zeigt: eine Vagina dentata *in Aktion*

I.

Nachdem wir uns durch mehrere blutrünstige Berichte von göttlichen Muttermorden und Vergewaltigungen gekämpft haben, bleibt die Frage: Warum wird das weibliche Geschlecht in all diesen Mythen und Sagen als eine unzumutbare Ungeheuerlichkeit dargestellt, wobei sich der Horror meist auf ein bestimmtes weibliches Geschlechtsteil reduziert?

Die antiken Mythenschöpfer übertreffen sich gegenseitig in der Zurschaustellung ihres tiefsten Abscheus, wenn es unter die Gürtellinie des Femininen geht. So finden sich unter den griechischen Mu(t)tanten ein paar Prachtexemplare von erlesener Scheußlichkeit. Hesiod, ein wahrer Pornograf des Grauens, beschreibt zum Beispiel den Schoß der Erdmutter als absolut pfuibabarisch:

»Riesiger Schlund ... ekelhaft muffig ...
Entsetzlich selbst für unsterbliche Götter ist dieses Grauen ...«

Auch vor »der wilden, göttlichen Echidna« schaudert es ihn. Sie ist ein »unaussprechliches Ungeheuer«, »oberhalb der Hüften ein liebliches Mädchen mit rosigen Wangen, unten aber eine abscheuliche Schlange, furchterregend und riesig«.

Es geht auch etwas neuzeitlicher. Shakespeare zum Beispiel schüttelt es schauerlich auf das Dramatischste, wenn es weiblich unterleiblich wird. Sein King Lear spricht's stellvertretend aus:

»Wenn auch von oben Weib; nur bis zum Gürtel
Sind sie den Göttern eigen: drunter alles
Gehört den Teufeln; dort ist Hölle, Nacht,
Dort ist Schwefelpfuhl, Brennen, Sieden, Pestgeruch,
Verwesung.
Pfui! Pfui! Pfui! Bah! Bah!«

Auch König Salomo hatte dazu etwas zu sagen, als er predigte:

»Es gibt drei Dinge, die niemals befriedigt werden können. Der Schoß der Hölle, der Schoß der Erde und der Schoß der Frau. Und sie alle haben das eine gemeinsam: das unersättliche Feuer.«

Diese salomonische Vorschrift wurde im Mittelalter zu einer kirchlichen Doktrin für die Hexenverbrennung. Die deutschen Oberinquisitoren schrieben in einem Memorandum mit dem Titel »Der Hexenhammer«:

»Alle Versuchung entspringt der fleischlichen Lust. Und die Scheide des Weibes wird nie sagen: Es ist genug! Deshalb vereinigen sich die Hexen sogar mit dem Teufel, um ihre Unzucht zu befriedigen.«

II.

Womit wir wieder vor der »Pforte des Teufels« gelandet sind, vor der die alten Kirchenväter so höllisch warnten.

Vielleicht hätten Tertullian, Augustinus, Hesiod, Homer, Salomo, Shakespeare und etliche andere aus dieser Männergruppe ein Dichtertreffen in Wien veranstalten sollen, um sich dort für ein halbes Stündchen auf die Psychocouch zu legen. Sigmund Freud schreibt:

»Es kommt oft vor, dass neurotische Männer das weibliche Genital als etwas Unheimliches deklarieren. Aber dieses Unheimliche ist der Eingang zur alten Heimat des Menschenkindes, zu dem Ort, an dem jeder einmal und zuerst gehaust hat.«

Ein sehnsüchtiger und zugleich erschreckender Traum des Heimwehs wird sichtbar. Freud weiter:

»Das Unheimliche ist also das ehemals Heimische, das Altvertraute. Aber die Vorsilbe un- zu diesem Wort ist das Zeichen der Verdrängung.«

Das ist un-akzeptabel! Das ist un-fassbar! Das ist un-erhört![9]

Hingegen ließ ein heimkehrwilliger Goethe es seinen »Faust« fast schon freudianisch zum Muttermunde reden:

»Nach jenem Durchgang hinzustreben,
um dessen Mund die ganze Hölle flammt;

---

9 Sigmund Freud nannte in diesem Zusammenhang einige mythische Beispiele für das unheimlich Unerhörte, etwa die total missratene Frisur einer gewissen Medusa, deren Haarpracht jeden Coiffeur zur Verzweiflung getrieben hätte. War doch das Haupt der Medusa von unzähligen Schlangen umzüngelt. Ein ungeheuer bedrohlicher und zugleich ungeheuer reizvoller Anblick für erotische Schlangenbeschwörer. Für Freud ein Sinnbild des behaarten weiblichen Schoßes. Im Mythos erstarrte jeder Mann sofort zu Stein, falls er begehrlich in diesen Schoß zu schauen wagte.

zu diesem Schritt sich heiter zu entschließen,
und wär es mit Gefahr, ins Nichts dahinzufließen.«

So zieht es doch manchen immer mal wieder heimlich-unheimlich heim ins gebärmütterliche Reiche! Die Re-Uterierung ins Ursprüngliche, in die fruchtwässrigen Urfluten, um dann ins Nichts dahinzufließen.

Das Nichts – die Endstation Sehnsucht.

III.

Offenbar ist da ein Neuros' entsprungen.

Aber was macht diesen Neurosenkavalieren eine solche Angst, dass sie sich mit ihren Entsetzensschreien, mit ihrem Igittigitt und Pfuibaba nicht mehr einkriegen. Könnte es sein, dass da eine tiefe unterschwellige Angst im Kellergeschoss ihrer Psyche herumspukt? Möglicherweise eine panische Angst davor, dass ihnen ihre männliche Herrlichkeit abhandenkommen könnte? Das, was dem hammerharten Thor schon mal mit seinem wichtigsten Gerät passiert ist? Wieder eine entscheidende Gerätchenfrage. Immerhin ist Mann doch aufs Engste liiert mit diesem Etwas, das da am Leibe hängt und meistens schwer zum Weibe drängt.[10]

In den abenteuerlich grausigen Albträumen der antiken Geschichtenerzähler geistert da ein weibliches Geschlechtsteil herum, das dem Manne etwas abknabbern will: die *Vagina dentata*, die der Männlichkeit ein bissiges Ende bereitet – gewissermaßen eine End-Scheide.

Homer erzählt zum Beispiel von einem besonders hung-

---

10 Schwule und asexuelle Leser mögen mir verzeihen, wenn ich hier zu heteromäßig reime.

rigen weiblichen Exemplar des Grauens: Skylla, eine ungeheuerliche Meeresmaid, die an der Straße von Messina stationiert ist – gemeinsam mit ihrer Schwester Charybdis auf der anderen Seite der Meerenge. Der Irrfahrer, der damals in der Odyssee herumschipperte, geriet in eine Klemme: hüben Charybdis, die dreimal am Tag das Meer einfach so wegschlürfte, was für jede Seefahrt störend wäre, und drüben Skylla. Die tauchte gerne bar und busig bis zur Hüfte aus dem Meer empor und brüstete sich mit dem, wonach es die See- und Sehmänner gelüstete. Sinnenverwirrt hat sich dann mancher Kerl über die Reling geschwungen und ist damit endgültig zur See gegangen. Und zugleich ging er vor die Hunde. War doch die Dame mit ihrem Untenrum nicht mehr so richtig vollblutweiblich. In ihrer vaginalen Hütte lauerten nämlich sechs Köter auf original männliches Chappi. Eine grausige Vision, wenn das weibliche Geschlecht dem männlichen derart die Zähne zeigt. Ein Biss – und was bleibt? Kein Bisschen.

Eine unterschwellige Mannesqual, die bei Freud allerdings weniger dental als mental beschrieben ist.

Ich denke, das sollte man vielleicht nicht ganz so verbissen sehen. Denn eines ist sicher: Der Zahn der Zeit nagt mehr als Skylla.

KAPITEL 11,

in dem ein Sohn seinem Vater die göttlichsten Teile wegsichelt und eine himmlische Hure angeschwemmt wird

I.

Noch einmal übergebe ich das Wort an Hesiod, den antiken Gruselautor. In seiner Schöpfungsgeschichte, der *Theogonie*, erzählt er uns von einer noch viel schlimmeren ursprünglichen Entmannung, genauer gesagt von einer Entgottung.

Die Geschichte beginnt folgendermaßen: Zuerst liegt die Urgöttin Gaia in der noch nicht existierenden Schöpfung »breitgebrüstet« herum (Hesiod fantasiert sich ganze Gebirge als sekundäre weibliche Geschlechtsmerkmale zusammen).

Und ehe Gaia sich's versieht, liegt ein Kerl auf ihr. Ein Typ namens Uranos, der Gott des bestirnten Himmels. Er war direkt aus dem Chaos geboren worden, das heißt aus ihrem Schoß. Und diesen Schoß okkupierte er sofort als seine Besatzungszone. Beim inzestuösen Beischlaf mit seiner Mutter hatte er keine Hemmungen, geschweige denn irgendeinen Komplex, denn Ödipus kam erst sehr viel später auf die antike Märchenwelt. Das Götterleben war damals noch absolut Freud-los.

Es kommt also zu den blutschänderischsten Vereinigungen, woraus die erlesensten Missgeburten entstehen, zum Beispiel Titanen mit jeweils fünfzig Köpfen und hundert Armen, einsetzbar also für alle möglichen Multitasking-Anwendungen.

Uranos hasste diese seine Ableger, die so gar nicht »ganz der Vater« waren, und verbannte sie in die schreckliche Unterwelt, in eine Strafkolonie, die damals noch nicht Hölle, sondern Tartarus genannt wurde.

Irgendwann hat Gaia jedoch genug von ihrem Alten, der eigentlich ihr Sohn ist. Sie will ihn ein für alle Mal loswerden. So überredet sie einen ihrer Sprösslinge, dass der seinen Vater so richtig allemachen soll, und zwar da, wo's am meisten wehtut. Kronos heißt dieser Knabe, ein Leibesfrüchtchen aus der Blutschänderei des Uranos. Der wartete ungeduldig darauf, das Erbe seines Vaters als Sippenhäuptling anzutreten. Er sah seine Zeit gekommen, und da Kronos zugleich der Gott der Zeit war, konnte er weitere Verspätungen nicht zulassen.

Zunächst beschaffte Gaia dem Kronos das Werkzeug für die geplante Freveltat, eine Sichel. Möglicherweise eine Mondsichel, geklaut aus dem bestirnten Himmel des Uranos.

In der folgenden Nacht sagte sich der himmlische Uranos das, was er sich jede Nacht sagte: Rauf auf die Mutter! Und so macht er sich wieder auf der Erde breit. Bei Hesiod ist das wie folgt beschrieben:

»An brach die Nacht
und es brach die Leidenschaft aus
im gewalt'gen Uranos.
Sehnend schlang er sich voller Begierde um Gaia
und dehnte sich endlos.«

Im Klartext handelt es sich um eine ungeheure Erektion. Nun will Uranos, hechel-hechel, endlich zur Sache kommen. Doch in diesem Moment taucht Kronos hinter einem Wolkenparavent auf. Er ergreift mit der Linken das endlos Gedehnte seines Vaters, in der Rechten hält er schon die Sichel und dann, so Hesiod, »mähet er ab dem eigenen Vater das mächtige Glied«.

Irgendwie tut es einem schon weh, von derart einschneidenden Maßnahmen zu erfahren. Allein die Vorstellung ist schmerzhaft, zumal auch noch der eigene Sohn an seinem Vater herummäht. Es vergeht sich also das zweite Glied am ersten.

Mondsichel hin, Mondsichel her: In diesem konkreten Kastrationsfall wird es wohl ein abnehmender Mond gewesen sein.

II.

Die Sache hatte ein Nachspiel: Denn nach der erfolgreichen Sichelei wusste Kronos nicht so recht, was er mit der Ernte anfangen sollte. Man kann sich nicht jedes Andenken aufheben, auch wenn's vom Papa ist, zumal so ein entwurzeltes Geschlecht die Stimmung nicht auf Dauer hebt. Da denkt man möglicherweise etwas bekommen an die eigenen künftigen Söhne und dass die vielleicht auch mal ihren Schnitt machen wollen. Deshalb wirft Kronos das vaterlose Gemächte über die Schulter hinab ins Meer.

»Aber sobald er die Scham mit der stählernen Sichel geschnitten
und sie vom Lande geworfen hinab in das brandende Weltmeer,
trieb sie lange dahin durch die flutenden Wellen;
da hob sich weißlicher Schaum aus unsterblichem Fleisch.«

Damit will Hesiod dezent andeuten, dass das Ding munter weiter vor sich hin ejakulierte. Und was passierte: Aus dem männlichen Restfleisch schäumte eine ausgewachsene weibliche Spätgeburt hervor.

Aphrodite, die aus dem männlichen Ab-Schaum Geborene als Ab-Phall des entmannten Himmelsgottes. Sie wird uns meist als nackte Bade-Beauty vorgestellt (ohne den klatschnassen Bikini, wie er in den mythischen *James-Bond*-Filmen später üblich wurde).

Da zu dem Zeitpunkt noch keine Kameras zur Verfügung standen, hat der Maler Botticelli diesen Vorgang für uns bildlich festgehalten. Auffällig ist die von ihm dokumentierte große Muschel, aus der Aphrodite sich erhob, und jeder Zeitgenosse hat die schon damals übliche geschlechtliche Muschi-Symbolik sofort verstanden.

»Es erwuchs eine Jungfrau«, berichtet Hesiod. Eine Jungfrau, die eher eine Jungsfrau war: Sie war eine kerlstolle Person, eine Getriebene, eine Durchtriebene, die es bald mit fast jedem trieb. Aphrodite war bekannt als *Hetäre*, »die Gefährtin«, die Schutzpatronin der kultischen Begleiterinnen im griechischen Hostessen-Service. Die athenischen Tempelhuren hinterlegten für sie als Opfergaben einen Teil ihrer Einkünfte in Form von goldenen Phalli oder Elfenbeindildos.

In alten Fruchtbarkeitskulten nimmt dieses Dildo-Dings eine hervorragende Stellung ein. Fast immer hat der Phallus seinen Ehrenplatz in den weiblichen Heiligtümern. Doch steht er zwar, jedoch ganz für sich allein, losgelöst vom Mann. »Ein Kastrationsprodukt«, so meint der Ent-Myther Klaus Heinrich, wurde da verehrt: der symbolische *Oidyphallos*, »der Schwellschwanz«. Der Name Ödipus (meist übersetzt als »Schwellfuß«) leitet sich wahrscheinlich daher ab. Ein ödipaler Mutterkult also – kein Wunder, dass das später zu Komplexen führte.

Wir sehen, es herrschte keineswegs Ruhe im mythischen Glied. Im Gegenteil: Vorherrschend war die Unruhe, die ständige Bedrohung, dass das Weib einen a) über- und b) entmannen könnte. Da half im Geschlechterkampf nur ihre gnadenlose Unterwerfung.

III.

Aphrodite selbst war nicht wirklich an Dildos interessiert, sondern eher an Lovern mit echten Natur-Anteilen.

Aphrodite war allzeit bereit und begierig, sich die gerade verfügbaren männlichen Mit-Glieder der Götterwelt einzuverleiben, obwohl Zeus und seine Olympioniken erst später in der Mythenwelt auftauchten. Aphrodite wurde mehr oder minder zwangsweise mit dem Schmiedegott Hephaistos verheiratet. Der war nicht gerade ein Schönling. Hinkend und bucklig schlurfte er in die Ehe. Aphrodites erotische Begeisterung für ihn hielt sich in sehr überschaubaren Grenzen, und bald betrog sie ihren Gatten, wo und wann sie nur konnte. Und sie konnte sehr oft, besonders wenn Hephaistos auf Dienstreisen auswärts zu tun hatte.[11]

Einer ihrer Lover war übrigens der Gott Hermes. Über Hermes gäbe es viel Interessantes zu berichten, doch hier nur so viel: Er war der stolze Besitzer eines ständig »strotzenden Schwanzes«, wie der amtliche Schreiber festhielt (der Phallus entschwillt aus dem Verb *phleo*, »strotzen, schwellen«).

---

11 Der rächte sich dann mit einer von ihm inszenierten intimen Zur-Schau-Stellung seiner Gattin. Aber das ist schon wieder eine andere Geschichte, die ich vielleicht mal in einem anderen Buch erzähle.

In der griechischen Landschaft wurden von diesem Schaustück des Hermes Tausende von Nachbildungen auf Feldern und Äckern aufgestellt. Sie galten vor allem als Fruchtbarkeitssymbol.

Auf jeden Fall war er der listigste, lustigste und lüsternste Kerl auf dem ganzen Olymp. Er gilt als der Erfinder der Sprache und der Beredsamkeit. Kein Wunder, dass er mit den wildwüsten Satyrn im Bunde war. Und auch mit manchen Satirikern.

Aber ja doch, Ihr gelehrten Magister, ich weiß, dass die Satire angeblich nichts mit den Satyrn zu tun hat, sondern sich von einer alten römischen Schüssel ableiten soll – der *satura.* Doch ich verhelfe meiner Wortwerkelei auf andere Ursprünge. Auf satyrische Bocksprünge.[12]

Der Satyr: ein hemmungsloser, pimmelhochjauchzender Geselle, ein Pan-hellenischer Urtyp. Wahrlich kein Null-Bock. Nach dem Ebenbild des Pan wurde später der Teufel der Christenheit geschaffen. Seither packt die klerikalen Oberhirten permanent eine panische Angst vor dieser leibhaftigen Inkarnation der eingefleischten, jedoch verdrängten Gelüste. Wie dieser Leibhaftige zu einem Höllenfürsten wurde, davon berichtet das nächste Kapitel.

Und damit sind wir wieder mitten in der biblischen Schöpfung.

12 Der Satyr-Verlag dankt und wird sich in Zukunft lieber darauf berufen, als auf die Ahnungslosigkeit der Vorbesitzer zu verweisen. [Anm. des Verlegers]

KAPITEL 12,

in dem ein heimlicher Liebhaber der Venus in flagranti ertappt wird und seine Karriere als himmlischer Geschäftsführer beenden muss

I.

Es wird Zeit, dass die Schöpfung mit dem ersten Ordnungsruf des Schöpfers spruchreif wird.

Chaos, schweig!

Er spricht! Und zwar ein Machtwort mit der »Donnersprache der Macht« (so Hiob im Alten Testament). Und er duldet kein Widerwort. Um ganz sicherzugehen, dass ihm keiner dazwischenredet, führt er ein Ferngespräch mit sich selbst. Von Gott zu Gott. Von Anbeginn zu Anbeginn. Von Ewigkeit zu Ewigkeit.

Für einen solchen Long-Distance Call gilt auch bei ewiger Gesprächsdauer: Fasse dich kurz! Darum kurz und bündig:

»Und Gott sprach:
Es werde Licht!
Und es ward Licht.«

So steht es bei Moses, dem frühen Pressesprecher im Global Office des Holy House. Doch wieder einmal verbreitet Moses Fake News, was die erste Erleuchtung der Weltgeschichte angeht. Denn das Licht, das am Anfang der Schöpfung entzündet wurde, war nicht die Sonne, sondern das erste Strahlen des Morgensterns, der nach tiefdunkler Nacht aufleuchtet. Entsprechend wurde er von den Psalmisten hymnisch besungen – und später auch in etlichen Kirchenliedern.

Im Deutschen strahlt der Morgenstern männlich. Im alten Orient hingegen war seine Ausstrahlung weiblich: Es war das Licht der babylonischen Göttin *Ishtar*, die später von den Römern *Venus* genannt wurde. In beiden Regionen galt sie als Göttin der erotischen Liebe.

Diese Ishtar alias Venus hatte einen heimlichen Liebhaber, einen gewissen Luzifer. Der war ursprünglich der oberste Erzengel, also der Geschäftsführer im Himmelreich des biblischen Herrn. Der CEO, der Chief Executive Officer im göttlichen Weltkonzern.

Die Erzengel hatten sich gefälligst in keuschester Zurückhaltung gegenüber allem Weiblichen zu verhalten. So war es in ihrem Arbeitsvertrag festgelegt. Doch Luzifer techtelte und mechtelte schamlos mit der Ishtar herum – natürlich heimlich im Dunkeln, damit der Chef nichts merkte.

Als Liebhaber hatte er offenbar ein gewisses erotisches Talent, denn Ishtar stöhnte knapp vorm Orgasmus immer wieder: »Come on baby, light my fire, light my fire!« (Zugegeben: kein perfektes Hebräisch.) Und so hat er als heißer Lover ihr Feuer entfacht und zugleich ihre Himmelsfackel entzündet. Eine erhellende Nacht-und-Nebel-Aktion im ersten Morgengrauen. Der Name des *Luzifer*, zu Deutsch: »der Lichtbringer«, zeugt davon.

Als Luzifers Boss plötzlich sah, dass der Morgenstern ohne sein Zutun erstrahlte, ist ihm natürlich ein Licht aufgegangen, nämlich, dass die Ishtar hinter seinem Rücken fremd-erleuchtet worden war. Er rächte sich brutal. Sofort, ohne eine einzige Abmahnung, kündigte er seinem führenden Manager fristlos und beförderte ihn mit einem allmächtigen Tritt in den Erzengelhintern hinab von seinem Amtssitz. So stürzte er den Weiberfreund Luzifer aus den himmlischsten Höhen in die höllischsten Tiefen, in den Schoß der Erde, wo der feurige Venus-Begleiter teuflisch ins Schwitzen kam.

Über diesen infernalischen Sündenfall berichtet später der Prophet Jesaja mit kaum verhohlener Sympathy for the Devil:

»Oh, wie bist du vom Himmel gefallen.
Du, Geliebter des Morgensterns.
Du wurdest in die Hölle geworfen,
in die Tiefen der Verdammnis.«

Luzifer, ein armer Teufel! Doch ebenso könnte man ausrufen: Arme Ishtar! Arme Venus! Unter der Lichtregie des Herrn gab es keine Leidenschaft mehr, die sie hätte befeuern können. Sie ist nur noch ein Scheinwerfer, der den Chef pflichtgemäß ins rechte Licht zu rücken hat, denn im Dunkeln könnte er kaum wirksam in Erscheinung treten. So wurde der Herr J. zum »Vater des Lichts«, wie er später von Jakobus und anderen erlauchten Gottesleuchten gepriesen wurde.

Dieser erste lichte Augenblick dieser Welt war also, wie wir einleuchtend gesehen haben, keine Sternstunde des Weiblichen.

II.

Doch Moses bestand darauf, dass es der Konzernherr des himmlischen Elektrizitätswerks persönlich gewesen wäre, der als Erster das Licht in der Schöpfung angeknipst habe.

Das erledigte er durch einen einfachen Sprachbefehl: »Es werde Licht.« [13]

Wenn Herr J. nicht gerade in knapper Befehlsform seine Order erteilte, war er ohnehin eher wortkarg. Schließlich hatte er genügend aktive Influencer, die alles weitere Reden für ihn übernahmen. Zum Beispiel war da der apokalyptische Blogger Johannes. Nach dem Download des biblischen Word-Programms verkündet er seinen Followern einen ganz neuen Schöpfungsbeginn:

»Am Anfang war das Wort.
Und das Wort war bei Gott.«

Dieses mächtige Wort, das Johannes an den Anfang stellt, heißt auf Griechisch *logos*. Eine herrschaftliche Anordnung. Das Wort ist also, trotz seiner sächlichen deutschen Grammatik, ein göttliches Attribut und zugleich ein männliches – ein Manneswort.

Deshalb heißt es: »Ein Mann, ein Wort!« Soll heißen: »Mann« und »Wort« sind offensichtlich Synonyme, zwei Begriffe für dieselbe Sache.

Damit ist klar: Das Wort ist ein primäres männliches Geschlechtsmerkmal. Es steht dem Mann, und zwar zu. Darum ist es auch sehr peinlich, wenn eine Frau in aller Öffentlichkeit das Wort ergreift. Oder es gar in einer Diskussion dem Mann abschneidet – eine verbale Kastration.

Es gilt die alte Geschlechterregel:

---

13 Dafür brauchte er keine artifiziellen Sprachassistentinnen wie Siri oder Alexa oder Cortana, jene elektronischen Fräuleins, die ihre devoten Schöpfungsdienste jedem Diktierer andienen, brav reagierend auf their Master's Voice. Allerdings kommt es bei diesen virtuellen Misses oft auch zu Miss-Verständnissen, weshalb der Herr J. wohlweislich auf diesen Service verzichtet hat.

Der Mann ist ein Mann. Logo!

Die Frau ist eine Frau. Bio-logo!

Wenn Frauen eine Mitsprache forderten, hörte sich das für herr-liche Ohren nur infernalisch an. Die paulinische Anordnung besagt deshalb:

»Eure Frauen sollen in den Gemeinden schweigen; denn es ist ihnen nicht gestattet zu reden.«

Die Kirchengroßväter Justin und Tertullian wussten angeblich, warum:

»Das Wort des Teufels war in Eva eingedrungen.«

Und:

»Eva, die eine unverdorbene Jungfrau war, gebar Sünde und Tod, nachdem sie das Wort der Schlange empfangen hatte.«

Die Verbindung von Frau und Wort ist also eine Todsünde. Und einmal mehr schlüpft die teuflische Schlange durch die Höllenpforte.

III.

Noch einmal zurück zu Johannes und seiner Auskunft: »Am Anfang war das Wort.« Nun ist diese göttliche Vorschrift nicht als Tonband überliefert, sondern uns buchstäblich vorgeschrieben – als eine Heilige Schrift, »mit dem Finger Gottes geschrieben«, wie Moses es von den Zehn Geboten behauptet. Der biblische Herr sagt von sich selbst:

»Ich bin Alpha und Omega, der Anfang und das Ende.«

Diese Tradition der Abc-Hierarchie gibt es noch heute: So nennen sich Führungskräfte, die einer Herde vorantrotten, gern Alpha-Tiere. Alpha, der erste Buchstabe im griechischen Alphabet, leitet sich her von *Aleph*. So benannten die Erfinder unserer Schrift, irgendwo im alten Phönizien, das Zeichen, das am Anfang stand. Der wichtigste Wirtschaftszweig war damals die Viehzucht und so stellten die phönizischen Manager das für sie Wichtigste voran. Das Wichtigste war der Aleph, auf Deutsch: »der Ochse«. Heute ist der Ochse nicht mehr das Wichtigste, sondern der Wichtigste, ein potenzieller Anführer, ein Potentat – eben ein Alpha-Tier. Führungskraft ist also Ochsenstärke. Nur leider fehlt dem Ochsen etwas zu wirklicher Potenz. Solche Andeutungen empfinden führende Ochsen auf allen gesellschaftlichen Ebenen allerdings als eine hodenlose Frechheit.

Bitte missverstehen Sie mich richtig: Das war keine Anspielung auf den Herrn J. Er nennt schließlich auch den letzten Buchstaben, in diesem Fall den letzten Buchstaben des griechischen Alphabets – Omega.

Das Zeichen für Omega ist eine runde, gewölbte Form, die an einem Ende offen ist: Ω, das Symbol eines Kruges. Das symbolische Zeichen dieses Gefäßes steht verkehrt herum – oder eben doch richtig herum, denn dieses nach unten offene bauchige Symbol wurde in alten Zeiten auch als die Höhle des Uterus gelesen.

In solchen Krügen wurden Kinder beerdigt, die tot zur Welt kamen oder kurz nach der Geburt starben. Der endgültige und ewige Schoß der Mutter.

Omega ist also ein weiblicher Buchstabe, und der befindet

sich wo? Eben hinten, ganz am Ende. Die Heilige Schrift der Neuzeit, also Wikipedia, sagt dazu:

> *»Omega wird verwendet, um die unterste Kaste der hierarchischen Gesellschaft zu bezeichnen. Im Gegensatz zu den Alpha-Tieren sind die Omega-Tiere also allen anderen in der Gemeinschaft untergeordnet und es wird von den anderen Gruppenmitgliedern erwartet, dass sie sich jedem unterordnen.«*

So also ist das mit dem A und O: Für den Gewinner gibt es ein enthusiastisch bewunderndes »Aaah«, für die Verliererin nur ein mitleidiges, peinliches »Oooh«.

KAPITEL 13,

in dem ein Gott Sand mit Wasser mischt und aus dem Mansch ein Mensch wird

I.

Wir sind zwar schon im dreizehnten Kapitel, doch noch immer am Anfang. Es wird Zeit für Adams Auftritt. Der erste Mensch ist endlich angesagt. Die Ansage ist, wen wundert's, göttlich, also vorbildlich:

»Und Gott sprach:
Lasset uns Menschen machen
nach unserem Urbild
als unser Abbild.«

Mit wem redet der Herr J. da, wenn er von »uns« spricht? Schließlich ist er zu diesem Zeitpunkt noch ganz unter sich, also nicht unter uns. Und was meint er mit dem Abbild von seinem Urbild? Wahrscheinlich hatte er sein Spiegelbild vor Augen. Wasser für eine Selbstbespiegelung war zwischen Euphrat und Tigris damals noch genügend vorhanden.

II.

Das erinnert mich an den griechischen Knaben Narziss, der einst im Gebirge an eine stille Quelle kam und dort seinen Durst stillen wollte. Doch plötzlich »erwuchs in ihm ein anderer Durst«, wie Ovid berichtet. Unter sich im klaren Quellwasser erblickte er das Bildnis eines wunderschönen Knaben, in den er sich vermeintlich unsterblich verliebte. Er süchtete nach sich selbst. Eine Selbst-Sucht, die man heutzutage per Selfie praktiziert. Das Dumme – oder wie man meist sagt: das Tragische – für unseren Narziss war nur, dass sein Selbst an einem anderen Ort war, nämlich vor ihm im spiegelnden Wasser. Es ist gerade die Kluft zwischen Narziss und seinem Selbst-Bild, die seine Liebe so schizophren macht. Tief und tiefer beugt er sich hinunter, um küssend die Lippen des anderen dort unten in der Quelle zu erreichen, der sich ihm seinerseits immer näher entgegenstreckt. Das Ende kennt man: die Selbst-Versenkung des Narziss. Seine letzten Worte laut Ovid: »Jetzt sterben wir beide, vereinigt in einem einzigen Hauch.« Immerhin eine erfolgreiche Wiedervereinigung.

III.

Ähnlich besessen war offenbar auch der biblische Schöpfer von seinem reflektierten Ebenbild.

»Und Gott schuf den Menschen
zu seinem Bilde,
zum Bilde Gottes schuf er ihn.«

So weit scheint die Sache spiegelbildlich klar zu sein, aber jetzt kommt's:

»Männlich und weiblich schuf er sie …«

Holla! Was war denn das? Sollen wir ihm das wirklich durchgehen lassen? Zuerst ist ein einzähliger Mensch in der Mache, doch im Zusatz ist unversehens ein flotter Zweier daraus geworden.

Was soll denn das für ein Wesen sein? Ein Mannweib? Ein Andro-Gyn? Ein She-Man? Ein Zwitterling? Eine Penisöse? Ein Vaginus?

Das gibt's doch nicht! Er, der Große Entmischer und End-Scheider, soll plötzlich zum Kuppelvater der Diversität geworden sein?

Unmöglich. Es kann sich nur um einen Versprecher handeln. Er hat sich mit diesem Schöpfungswort eindeutig vertan, genauer: zweideutig. Noch merkwürdiger wird dieser hermaphroditische Versprecher durch seine Behauptung, er sei bei diesem Werk voll im Bilde gewesen – nämlich in seinem eigenen Urbild.

Mein Gott! Ist der Herr J. ein Vor-Bild der gemixten Sexualität (egal ob trans oder inter)? Der Meister ein Misster? Ein Gott, der sich in die eigene weibliche Brust wirft? Zumindest für den Kirchen-Vater Clemens von Alexandria war das vorstellbar. Er schrieb: »Für die Kinder, die das Wort suchen, spenden des Vaters liebende Brüste Milch.« Das mag einst die Milch einer frommen Denkungsart gewesen sein, heute würde sich jeder Bischof einen Priester, der solche Ammenmärchen verbreitet, persönlich zur Brust nehmen.

Die Lektoren der *Genesis* haben das erste Kapitel offenbar schlampig redigiert. Klar, die wussten im Verlag, dass ihr Bestsellerautor Moses sich nicht in seine Texte hineinredigieren lassen wollte, weil es angeblich Gottes Wort war. Sein späterer Schriftstellerkollege Mohammed war da ähnlich zimperlich.

Glücklicherweise wurde der Fehler später bemerkt. Seither ist im nächsten Kapitel eine Zweitschöpfung im Angebot, die nicht mehr als Zu-zweit-Schöpfung ausgelegt werden kann.

Sie kennen die Geschichte wahrscheinlich: Da saß Herr J. eines Tages mal wieder irgendwo in der Ewigkeit herum. Und so eine Ewigkeit zieht sich auf Dauer ganz schön hin. Eine endlose lange Weile.

Er hockte also am Ufer des Euphrat und spielte gelangweilt mit seinen Händen im nassen Sand herum, wie es die Kinder am Strand tun, wenn sie mit nasser Pampe herummoddern. Und plötzlich überkam ihn eine kindlich-moddrige Schöpferlaune. Er sprach also: »Lasset uns kneten!«, und vermanschte Sand mit Wasser.

Aus diesem Mansch wurde der Mensch. Soll keiner sagen, die Menschwerdung ginge uns keinen feuchten Schmutz an.

IV.

Eine uralte Schöpfungsmethode: Er hatte eine Lehmform geschaffen, die er dann in der Sonne trocknen ließ. Doch so original und originell wie in der *Genesis* behauptet war diese Ursprungs-Schöpfung nicht. Herr J. hatte nämlich Jahrhunderte zuvor an einem alternativen Töpferkurs teilgenommen, allerdings nicht in der Toskana, sondern im Nahen Osten. Dort gab es schon lange vor der biblischen *Genesis* einen Schöpfungsmythos, das *Gilgamesch*-Epos. Und darin wird patentamtlich nachgewiesen, dass es eine Frau war, die Göttin Aruru, die den ersten Menschen zusammengetöpfert hat. Gegen so eine matriarchale Perversität musste der Patriarchengott natürlich ankämpfen. Es wäre doch widernatürlich, wenn nicht sogar widergöttlich, wenn eine Frau etwas damit zu tun haben sollte, dass ein Mensch auf die Welt kommt.

Also hat der göttliche Vater noch einmal alles nachgetöpfert:

»Und Gott der Herr machte den Menschen aus einem Erdenkloß und blies ihm ein den lebendigen Odem in seine Nase.«

Er tat dann später so, als sei das sein eigener Einfall gewesen, seine göttliche Intuition. Ja, tut mir leid, wenn ich ihn hier als Plagiator entlarve. Aber, Gott!, wer beim Schöpfen schummelt, sollte sich dabei zumindest nicht erwischen lassen.[14]

V.

Jedenfalls hatte Herr J. bei der menschlichen Töpferei nicht an Material gespart. Er schaut sich das Ergebnis an und stellt fest: »Hurra! Ein Junge!«

Das war relativ einfach festzustellen, denn es gibt eine altdeutsche Erkenntnistheorie, die jede Hebammenschülerin schon am ersten Tag lernt: »Hat es 'nen Stab, ist es ein Knab.« Weshalb zunächst auch jeder katholische Bischof bei der Geburt ein solches Stäbchen dabeihatte, das dann später zu einem Hirtenstab erigierte. Den allerdings darf er nicht einbringen als einsamer Sexualhirte. Tja, es ist schon blöd, wenn man mit seinem Stab alleinstehend ist.

Adams Penis wäre eigentlich keiner näheren Betrachtung wert. Es gäbe keinen Grund, aus diesem schrumpeligen Dingelchen, das jedes Adämchen als Anhängsel mitbringt, ein großes Ding zu machen. Doch aus diesem biologischen

14 Herr J. hatte sich möglicherweise darauf verlassen, dass mit dem Untergang der alten babylonischen Gottheiten auch deren Epos verschwunden war. Es ist eben riskant, wenn bei einem Machtwechsel die alten Akten nicht sofort vernichtet werden. Immerhin hatte der Herr J. zumindest insofern Glück, dass er keinen Doktortitel hatte. Sonst hätte sein Plagiat garantiert zu einem akademischen Skandal geführt. Man hätte ihn aus jeder theologischen Fakultät rausgeschmissen.

Ding-an-ihm wurde sehr bald ein psychosoziales Ding-an-sich (sorry, Herr Kant, für meine möglicherweise etwas zu lockere Interpretation Ihrer philosophischen Idee). Ein Differenzchen mit dem Schwänzchen, das sich zu einer mächtigen gesellschaftlichen Differenz versteifte. Denn dieser anfangs so kleine Unterschied entschied fortan darüber, wie in der künftigen Inszenierung des Geschlechterspiels die Rollen verteilt wurden: meist mehr ge-schlecht als ge-recht.

An diesem Ding macht sich nun einmal das Maskuline dingfest. Frauen haben bekanntlich dieses Ding nicht. Sie sind eben un-bedingt. Sie haben no Thing, waren also schon immer ein Nothing für patriarchale Machos. Deshalb wäre es ein Unding gewesen, wenn Gott zuerst Eva geschaffen hätte. So aber schaut er seinen Erstgeborenen an und stellt fest: »Ist ja 'n Ding!«

Seither wird die jüdische und christliche Menschheitsgeschichte vom Schwanze her aufgezäumt.

KAPITEL 14,

in dem ein Mann sich auf seinen Hintern setzt und als Sitzenbleiber das Patriarchat begründet

I.

Da saß der Herr Adam nun auf der Erde herum, als der erste Anwesende auf dem irdischen Anwesen. Der Ur-Einwohner. Und niemand konnte ihm das Erstgeburtsrecht absprechen.

In allen Mythen der Ackerbaugesellschaften geht es um die Gnade der früheren Geburt und damit zugleich um den Grundbesitz, der zu vererben ist. Der materielle Unter-Grund ist der ideelle Hinter-Grund der patriarchalen Herrschaft.

Und doch soll das nicht immer so gewesen sein, dass die Männer das gesellschaftliche Sagen hatten. Angeblich hat es nämlich eine sagen-hafte Zeit gegeben, die als »Matriarchat« durch die niemals geschriebenen Annalen spukt. Denn schriftliche Belege gibt es darüber nicht. Die Geschichtsschreibung war zu der Zeit offenbar noch auf Mutterschaftsurlaub.

Ganz simple Erfindungen, wie zum Beispiel die Ehe, die Familie oder das Privateigentum, waren noch nicht gemacht worden. So wurde die Erde, die Große Mutter, wie sie bei den antiken Altvorderen hieß, in dieser Vorzeit noch nicht auf dem Immobilienmarkt gehandelt. Der römische Schreiber Vergil berichtet davon:

»Einst vor Jupiters Zeit unterwarf kein Bauer die Fluren.
Ja, es galt als Verbrechen,

durch Grenzen zu zeichnen die Feldmark
und zu verteilen. Gemeinsam war alles.
Trug doch die Erde
freigiebig alles von selbst,
es brauchte sie niemand zu drängen.«

Das war, wie gesagt, vor den Zeiten Jupiters, der auch unter seinem griechischen Alias-Namen Zeus einschlägig bekannt war. Die Patriarchengötter hatten also die Macht noch nicht ergriffen. Darum herrschte auch keine ordentliche Ordnung: Alles gehörte allen. Und das gehört sich einfach nicht. Denn wenn allen alles gehört, gehört niemandem nichts. So waren alle arm dran.

Bis dann eines Tages ein Mann (na, wer denn wohl sonst!?) auf eine ganz einfache, ja geniale Idee kam, um diese chaotischen Zustände zu beenden. Was tat er? Er setzte sich erst einmal hin. Wo setzte er sich hin? Auf ein Stück Erde. Und dann fing er unvermittelt an, um sich zu hauen. Und haute. Und haute. Und haute.

Pflöcke haute er ein. Phallus-Symbole. Hinein damit in den Schoß der Mutter Erde!

Nachdem er sich derart ödipal umpflockt hatte, verkündete er der staunenden Umwelt: »Dieses Stück Land ist von mir beschlagen worden. Somit ist es beschlagnahmt. Hier sitze ich jetzt. Und worauf ich hier sitze, das ist fortan mein Besitz.«

Wahrscheinlich hat man ihn damals nicht recht ernst genommen, weil seine sture Sesshaftigkeit ziemlich idiotisch wirkte und es tatsächlich auch war. Ein Idiot war früher einer, der sich eigentümlich, griechisch: *idios*, verhielt. Aber der erste Besitzer blieb hartnäckig sitzen, obwohl ihn alle belächelten. Er saß das aus und setzte sich so als Eigentümer durch. Die Idiotie wurde zur alteingesessenen Norm.

So entstand zugleich das Vaterland. Im Grimm'schen »Deutschen Wörterbuch« findet man dafür die ursprüngliche Bedeutung: »Vaterland, der vom Vater besessene Acker«. Noch im Mittelalter, so wird berichtet, wurde beim Verkauf eines Stück Lands ein Stuhl auf den Acker geschleppt. Der neue Eigentümer setzt sich »leibhaftig auf diesen Stuhl« (so die Grimms), und erst damit be-saß er das Land rechtskräftig. Durch diesen Stuhl-Gang wurde den Söhnen klar: Unter dem Hintern des Alten liegt unsere Zukunft. Das ist unser Vaterland. Seither sind wir mit dem Vaterland am Patriarsch.

II.

Allerdings muss jemand erst einmal auf einen derart idiotischen, also eigen-artigen Grund-Gedanken kommen, die Erde, die bis dahin ein Allgemeinplatz war, einfach stückweise in Beschlag zu nehmen nach dem Motto: Mir was, dir nichts!

Eine neue Herrschaftsidee war damit geboren: die Idee des Privateigentums. Diese seltsame Privatheit ist abgeleitet vom lateinischen *privatio* – das heißt ursprünglich nichts anderes als »Raub, Beraubung, Diebstahl«. Wann immer Sie künftig vor einem Schild stehen mit der Aufschrift »Privat! Durchgang verboten!«, dann wissen Sie also: Da wohnt ein Räuber. Oder ein Privatmann, wie man heute sagt.

So entstand mit der Zeit ein globalisierter, weltumspannender Familienkonzern, die Patriarchat GmbH & Co. KG. Eine Komm-Bandit-Gesellschaft mit beschränkter Hoffnung.

Jean-Jacques Rousseau, ein später Prophet des Ursprünglichen, polemisierte heftig gegen solche räuberischen Zustände:

»Der Erste, der ein Stück Land eingezäunt hatte und frech behauptete: Das ist mein! – und der Leute fand, einfältig genug, ihm zu glauben, wurde zum wahren Begründer der bürgerlichen Gesellschaft. Wie viele Verbrechen, Kriege, Leiden und Schrecken würde jener dem Menschengeschlecht erspart haben, der die Pfähle herausgerissen oder den Graben zugeschüttet und seinesgleichen zugerufen hätte: Hört nicht auf den Betrüger. Ihr seid verloren, wenn ihr vergesst, dass die Früchte allen gehören und die Erde niemandem.«

III.

Nachdem sich dieser eigentümliche Eigentümer festgesetzt hatte, auf gutem Grund und mit gutem Grund (zumindest aus seiner Sicht), wollte er verständlicherweise, dass diese neuen gesellschaftlichen Verhältnisse auch grund-gesetzlich abgesichert werden, denn jetzt galt es für ihn, seine Rechts-Güter zu schützen. Aus diesem Grund wurden die Ehe und die Familie erfunden.

Beide halbstaatlichen Institutionen waren eine logische Folge des Grundbesitzes. Mit seinem Acker hatte der Mann nämlich erstmalig etwas zu vererben. Und wenn ein Ackersmann etwas zu vererben hat, will er natürlich nicht, dass ihm möglicherweise eine fremde Erbmasse in der Wiege herumquäkt. Er will zumindest halbwegs sicher sein, dass seine Gören tatsächlich Produkte seiner patriarchalen Lenden sind. Bei diesen Gören allerdings ging es ihm weniger um die Töchter als um die Söhne.

Es waren die Söhne, die meist die Immobilien erbten. Töchter hingegen waren mobiles Inventar. In sie wurde investiert und eines Tages, wenn ihre Aktien günstig standen, wurden sie abgestoßen. Dafür war es wegen der Höhe der Investitionen meist höchste Zeit, weshalb man den Brauch der Abstoßung noch heute Hoch-Zeit nennt.

Was danach folgte, war klar beschrieben: »Und drinnen waltet die züchtige Hausfrau« (so wurde es den Frauen vorgeschillert). Ein Zucht-Haus für die Züchtige. Dort hatte sie einzusitzen in der kleinsten Zelle des Staates: der Familie.[15]

Seit alters her ist darum auch die Ehe eine geschlossene Abteilung der Gesellschaft. Oder ist es Ihnen noch nie aufgefallen, dass eine Ehe am Anfang paradoxerweise nicht etwa eröffnet wird; nein, sie wird sofort geschlossen.

Und damit können wir auch dieses Kapitel schließen. Kehren wir also zurück ins Paradies, wo Adam nach wie vor evaseelenallein herumhockt.

---

15 Die Bezeichnung »Familie« ist uns aus dem alten Rom übrig geblieben – ursprünglich eine Gemeinschaft von Leibeigenen und Versklavten. Seneca überliefert uns diese Definition: *»Den Herrn nannte man den* pater familias *(den Familienvater), die Sklaven die* familiares *(die in der Familie Gehaltenen).«*

Kapitel 15,

in dem wir Zeuge werden, wie aus einer Rippe ein Stück Malheur wird

I.

Noch war Adam also unbeweibt – er ödete sich im Paradies herum, allein mit sich und seinem Schöpfer. Irgendetwas vermisste er. Er wusste bloß nicht, was. Oder wen.

Der Herr J. in seiner Allwissenheit wusste es natürlich. Rätselhaft aber bleibt: Warum hat Gott sich darauf eingelassen, ein Weib zu schaffen, nachdem er alles Weibliche gerade erfolgreich aus seiner Schöpfung verdrängt hatte?

Nun, ich vermute, dass er als Allein-Erziehender gewisse Probleme mit seinem Erstling hatte. Mit Einzelkindern gibt es meist Schwierigkeiten, weil sie anfangs zu sehr verwöhnt werden. Außerdem war Herr J. ein Spät-Zeugender. Und die verhätschelten Blagen von verspäteten Vätern können zuweilen ziemlich unausstehlich sein.

Adam hatte sich zunächst mehr oder minder gelangweilt an allerhand Getier vergangen. Er hatte lustlos in der Fauna herumgestochert und sich dabei offenbar einen tierischen Frust eingehandelt. In der *Genesis* wird es etwas dezenter formuliert:

»Und Adam gab allem Vieh
und allen Vögeln des Himmels
und allem Getier des Feldes Namen.
Aber für sich, den Menschen, fand er keine Hilfe,
die ihm entsprochen hätte.«

Nachdem Adam für seinen Sexualnotstand bei dem Getier keine Abhilfe gefunden hatte, musste der Herr J. eine anderweitige Aushilfskraft besorgen:

»Und Gott sprach:
Es ist nicht gut,
dass der Mensch allein sei.
Ich will ihm eine Gehilfin machen,
die um ihn sei.«

Es geht also um die Beschaffung einer Hilfsmamsell, genauer um deren Erschaffung.

Und wahrlich, ich sage euch: So viele Wunder in der Bibel auch erzählt werden, der Bericht von der paradiesischen Gynäkologie ist von allen das wundersamste. Beispielsweise war bei Mariens Empfängnis immerhin noch ein weiblicher Bauch beteiligt.[16]

Doch viel unfassbarer ist die Geburt der Eva: Es gebiert nicht das Weib, sondern sie wird aus dem Körper des Mannes heraus geboren. Als der Herrgott Adam zusammenmanschte, quartierte er offenbar in der Brust Adams ein weibliches Neben-Seelchen ein. Das trug der fortan über dem Herzen – als Rippe. Eine in ihm schlummernde weibliche Latenz.

II.

Nun gab es einige hebräische Klatschreporter, die behaupteten, dass Eva nicht die erste Frau Adams gewesen sei.

---

16 Allerdings erfordert ein durch Zeugung und Geburt weiterhin unbeschädigtes Hymen einen starken Glauben an eine ewig währende Jungfräulichkeit. Aber zuweilen muss man im Glauben stark sein.

Eine gewisse Lilith soll sich schon vor ihr im Garten Eden herumgetrieben haben. Und zwar war sie nicht als Ersatzrippe geschaffen, also nicht als Spare-Rib-Produkt, sondern sie war ebenso wie Adam aus Lehm geknetet worden. Das wird bei Moses mal wieder verschwiegen. Nur bei Jesaja taucht sie kurz auf als *lîlît,* »der böse Geist.« In der mystischen jüdischen *Kabbala* wird sie gar, Überraschung!, als Mischwesen zwischen Frau und Schlange beschrieben.

Wie der Mythenforscher Robert Ranke-Graves berichtet, gab es zwischen Adam und Lilith ständig Beziehungszoff. Sie wollte ihm nicht unterliegen beim paradiesischen Verkehr:

»Warum muss ich unter dir liegen? Auch ich bin aus Lehm gemacht und bin dir ebenbürtig.«

Sie war also erotisch schwer aufsässig, denn sie wollte es nur rittlings mit ihm treiben, wobei Adam der von ihr Besessene gewesen wäre und damit der Unterlegene. Eine solche Perversion konnte Adam nicht dulden. Als er handgreiflich wurde, um sie missionarisch in die entsprechende Stellung zu bringen, zeigte sie ihr flatterhaftes Wesen, indem sie sich in die Lüfte erhob und davonschwirrte. Danach ward sie nimmermehr gesehen im Paradies, weshalb die meisten Schriftgelehrten meinen, dass sie dort niemals gewesen wäre.

III.

Genug von dieser Schmuddelgeschichte. Adams angebliche Ex soll uns nicht länger interessieren. Wir sind immer noch bei der Erschöpfung Evas.

Nachdem der Herr J. als Chefarzt im paradiesischen OP

die Entrippung beendet hat, erwacht Adam aus seiner Betäubung und begutachtet das Ergebnis, also diese Eva, die ihm da entleibt worden war. Laut Luther sind seine ersten Worte:

»Das ist doch Bein von meinem Bein,
und Fleisch von meinem Fleisch.«

Immerhin keine vegetarische Schöpfung. Nach dieser Fleischbeschau fährt Adam fort:

»Man wird sie eine Männin heißen,
weil sie vom Manne genommen ist.«[17]

IV.

Harriet, ein Wesen vom Geschlechte Evas, ist am späten Frühstückstisch stets die erste kritische Leserin meiner nächtlichen Elaborate. Manchmal stöhnt sie nur verzweifelt auf: »Mein Gott, Martin!« Nicht, dass ich auf dieser Anrede bestehen würde, aber in einer engen Beziehung zwischen zwei Menschen schleichen sich zuweilen die seltsamsten Kosenamen ein.

Als sie aber in meinem Manuskript von der Reaktion Adams las, meinte sie höhnisch: »Eine Männin? Dann war es also Martin Luther, der das Gendern erfunden hat.«

Ich raunzte in noch halb verschlafener Misslaunigkeit: »Eine typisch feministisch-dogmatische Verfälschung des Bibeltextes. Ihr wilden Weiber habt in eurem Genderwahn

---

17 Dahinter steckt ein hebräisches Wortspiel, das Martin Luther männinhaft ins Deutsche zu retten versuchte: *ishshah* ist die vom *ish*, dem Manne, Genommene.

sogar mal behauptet, dass der christliche Gott eigentlich eine Göttin gewesen sei.«

Sie, grinsend über alle verfügbaren Backen: »Es war zumindest ein witziger Spruch: ›Als Gott den Mann erschuf, übte sie nur.‹ Gefällt mir nach wie vor.«

Ich, achselzuckend: »Okay, dagegen ist Luthers Wortspiel mit der Männin nicht ganz so spaßig.«

Sie, verächtlich schniefend: »Es ist schlicht blöde. Er meint ja damit, dass die Frau nur eine Art Wurmfortsatz des Mannes ist, ein eigentlich überflüssiges Anhängsel. Ein Appendix, der notfalls auch wieder wegoperiert werden kann bei zu starker Reizung.«

Ich, jeglicher Reizung widerstehend: »Von einem Blinddarm ist in der Bibel keine Rede, nur von einer Rippe.«

Nach einer Pause füge ich hinzu: »Okay, auch die Sache mit der Rippe ist vermutlich ein hinterhältig knochiges Wortspiel. Das hebräische Wort für Rippe heißt *zela* und bedeutet zugleich: Unglück. Nicht gerade charmant, ich geb's ja zu.«

Sie tätschelte freundlich meinen kahlen Schreiberschädel: »Manchmal ist deine angelesene Schlaumeierei doch zu was nutze. Also, wenn die Rippe eigentlich ein Unglück benennt, handelt es sich bei Eva letztlich um ein Stück Malheur, das sich der Kerl aus den Rippen geschwitzt hat. Ich sag's doch: Ein absolut witzloser Mythos.«

Dem wäre wohl nichts mehr hinzuzufügen.

V.

Mannomännin! Übersetzungsschwierigkeiten sind auch mir bekannt, gerade beim gendersensiblen Umgang mit der Sprache. Zum Beispiel wollen die weiblichen Wesen, die ich besser kenne, garantiert keine Männinnen sein. Sie bestehen unabhängig vom Mann auf ihrer Eigenständigkeit als Frauen.

Und damit beginnt sprachlich ein schier unlösbares Dilemma, denn leider ist der Begriff »Frau« nicht als ein eigenständiger zu begreifen. Die Frau, oder früher die *frouwe,* ist vom germanischen *fro* hergeleitet. Und der Fro, das war der Herr. Es handelt sich also um eine Herr-Leitung. Geschichtlich gesehen wahrlich eine ziemlich lange Leitung.

Die Frouwes hatten für den Fro zu arbeiten. Das nannte man weibliche Fron-Arbeit, später dann Hausfrauenarbeit. Und wenn die Frau sich dabei totgeschuftet hatte, war eben Fronleichnam.

Fro bedeutet: der Frühe. Soll heißen: Er war der Erste. Der, der früher da war. Wer als Erster da ist, der ergreift, was er ergreifen kann, und zwar zunächst einmal die Macht. Ein Herrschaftsprinzip: *prin-cipere* – als Primus, als Erster zulangen.

Das Vor-Recht des Vor-Nehmen ist: sich vor anderen zu nehmen, was er will.[18]

Wer als Erster die Hand auf etwas legte, dem gehörte das Auferlegte. In alten Hochzeitszeremonien legte zum Beispiel der Bräutigam seine rechte Hand auf die linke der Braut, um sie so rechts-mäßig als die Seine zu deklarieren, die fortan nicht mehr zu sein hatte, als sein zu sein.

Sein oder nicht sein: eine reine Eigentumsfrage.

Eine Handhabe nennt man das. Und es ist schwer genug, sich dieser handfesten Okkupation zu entziehen: *ex-manum-cipere.* Emanzipation!

Es ist seltsamerweise das heutzutage im sprachlichen All-

18 Insofern erscheint es mir sprachlich unglücklich, wenn Ernst Bloch sein wichtigstes Werk »Das Prinzip Hoffnung« nennt. Im Prin-Zip gibt es keine Hoffnung. Hoffnung wäre Anteil-Nehmen: ein Parti-Zip.

gemein-Verkehr verpönte »Weib«, in dem sich das Weibliche ohne jede Ableitung vom Manne her ausdrückt. Die Wurzel ist wahrscheinlich das indogermanische Verb *ueib*, dessen Bedeutung noch nachschwingt bei den Wörtern »weben« und »vibrieren«.

Und mit der frühlingsleichten Brise des lauen Berliner Nachmittags, an dem ich dies schreibe, weht mir von irgendwoher durchs offene Fenster die Botschaft eines »Sunshine-Reggae« ans Ohr: »Let the good Weibs get a lot stronger ...«

Yeah, man!

VI.

Nebenbei: Die biblische Botschaft, dass die Frau ein Wesen sei, das ohne den Kerl absolut unwesentlich wäre, steht nicht nur im Alten Testament, sondern auch im Neuen. Dort gibt es Paulus den Korinthern noch einmal schriftlich:

> *»Der Mann stammt nicht von der Frau, sondern die Frau vom Manne her. Der Mann wurde auch nicht für die Frau geschaffen, sondern die Frau für den Mann.«*

Wohl wegen solcher klaren Ansagen war mein bibelfester Opa Oskar ein echter Paulaner. Auch in anderer Hinsicht war er mit dem Apostel einig, denn Paulus erweckt in seinen zahlreichen Episteln zuweilen den Eindruck, als hätte sein Herrgott einen Riesenfehler gemacht, als er das Weib erschaffen hat. Es wäre für Paulus wohl in Ordnung gewesen, wenn es der Schöpfer in Evas Fall bei einem klapprigen Gerippe belassen hätte. Was den Apostel jedoch schwer störte, war die Fleischzulage, mit der Evas Rippen reichlich aufgepolstert wurden, von anderen Körperregionen ganz zu schweigen. Weckte doch diese Fleischlichkeit der Eva zuweilen gewisse Begehrlichkeiten. So kam es wohl auch bei Paulus nabelabwärts gelegentlich zu einem sündhaften fleischlichen Aufstand, weshalb er in einem Brief an die Römer gestand:

»Ich weiß, dass in meinem Fleisch nichts Gutes wohnt.«

Man merkt: Da hat einer Schiss (im Falle des Paulus wahrscheinlich eher heiligen Stuhlgang), also Angst vor dem Leibhaftigen. Konkreter: Angst vor der eigenen Leibhaftigkeit.

Eben weil das lasterhafte Verlangen in seinen fleischigen Abgründen lauert. In einem weiteren Brief an seine Gemeinde wurde er noch deutlicher:

»Es ist dem Menschen gut, dass er kein Weib berühre.«

Man beachte die saubere Unterscheidung zwischen »Mensch« und »Weib«. Doch trotz aller Berührungsängste war er als Populist erfahren genug, um notwendige Kompromisse zu akzeptieren. Man sollte seine Anhänger besser nicht allzu sehr verschrecken durch Maximalforderungen. Also fuhr Paulus fort in seiner Epistel:

»Aber um der Hurerei willen habe ein jeglicher sein eigen Weib …«

Mein Großvater hatte sich zu diesem Zwecke meine Oma angeeignet. Ihn überkam wohl trotz aller mannhaften Askese ab und zu auch so etwas wie ein drangvolles Gelüste, dem er nicht widerstehen konnte. Also musste Oma Clara ran – und zwar in der tiefschwärzesten Düsternis des Ehegemachs. Die absolute Verdunkelung war notwendig, damit Gottes Sohn, der gegenüber dem Ehebett im Schlafzimmer an der Wand hing, nicht Augenzeuge des schändlichen Geruckels unter der Bettdecke wurde.

So hat der Opa wohl der Oma immer mal wieder das Nachthemd etwas hochgeschoben, was sie zu dulden hatte zwecks Ableistung ihrer Ehepflicht. Wahrscheinlich war dieser Ehevollzug schnell erledigt, sodass danach wieder Ruhe herrschte in der Ehevollzugsanstalt. Immerhin hatte diese patriarchale Penetranz nachträglich auch etwas Gutes – zumindest für mich, denn ohne den sündhaften Erguss meines Großvaters und ohne die vermutlich gequälte Empfängnis meiner Oma wäre meine Mutter nicht zur Welt gekommen. Somit wäre auch meine heutige Existenz mehr als fraglich gewesen.

Und eine solche nichtige Existenz wäre mir, offen gesagt, gar nicht recht gewesen. Ohne mich würde mir etwas fehlen.

Darum schließe ich dieses Kapitel mit einem Halleluja und Hosianna: Das sündige Fleisch, es sei gepriesen und gebenedeit!

KAPITEL 16,

in dem Charles Darwin bei einem Striptease zuschaut und ein Ur-Männchen sein Weib erkennt

I.

Nicht nur in der biblischen Schöpfungsgeschichte ist nachzulesen, dass der große Designer seine weibliche Kreation ausschließlich zum Zwecke maskulinen Wohlgefallens entworfen hat.

Im Schöpfungsmythos der Evolutionstheorie kommt Charles Darwin zu demselben Ergebnis. Für Darwin war es die natürliche Bestimmung des Menschenweibchens, für den jeweils Stärksten in der um sie streitenden Horde attraktiv zu sein. Um anziehend zu wirken, musste sie sich erst einmal ausziehen:

> *»Die Weibchen wurden allem Anscheine nach zur geschlechtlichen Zierde ihrer Haardecke entkleidet.«*

Der erste Striptease also als erotische Animation, um den Kerl lustvoll sabbern zu lassen. Sie legte als Erste das affige Körperfell ab, damit der damals noch zottige starke Typ sich zwecks Zeugung kräftiger Nachkommen auf sie herabließ. Darwin nennt das die »Folge natürlicher Auswahl in Verbindung mit den vererbten Wirkungen der Gewohnheit«.

Diese Macht der Gewohnheit führte also zu den ersten Misswahlen, zur Auswahl der Schönsten durch die Stärksten. Mister Darwin weiter:

»Es ist nicht unwahrscheinlich, dass die Weibchen auch in anderen Beziehungen zu demselben Zwecke und durch dieselben Mittel modifiziert wurden, sodass die Frauen schöner geworden sind als die Männer.«

Das meinte er wahrscheinlich mit typisch angeranztem Altmänner-Charme als Kompliment. Immerhin stellt Darwin in durchaus kritischer Selbstbetrachtung fest, dass das Menschenweibchen sich »in einem viel unterwürfigeren Stande der Knechtschaft befindet, als es das Weibchen irgendeines anderen Tieres tut«.

II.

Dies ist eine weitverbreitetete Männerfantasie vieler Evolutionäre: die Frau, ein modelliertes Wesen, das in seinem Design auf die Bedürfnisse des Kerls genetisch zugeschneidert worden sei. Das sei nun einmal unauslöschlich im DNS-Computer abgespeichert, erklärt uns der Gründervater der Soziobiologie Edward O. Wilson. Kulturell würden nur die ohnehin vorhandenen biologischen »Unterschiede zwischen den Geschlechtern zur universalen männlichen Vorherrschaft verstärkt«.

Eben: »Biologie als Schicksal«, so der Titel des grundlegenden Wilson-Werks.

Darum brauchte Adam eine Gehilfin. Wenn ihn das Gen überkommt, drängt es ihn gen Weib. Da kann er nun mal nichts machen.

Dieses Verlangen, dem der männliche Primat hilflos unterworfen ist, verlangt nach Unterwerfung der Primatin, auf dass der Mann kein Einsamer bleibe, sondern als reproduktiver Ein-Samer seine evolutionäre Pflicht erfüllen kann. Alles andere wäre biologischerweise unnatürlich, also pervers.

III.

Wie sprach Paulus, der herumreisende Missionar: »Das Weib sei dem Manne untertan.« Damit wird ihm die Position zugewiesen, die es beim geschlechtlichen Verkehr einzunehmen hat. Doch diese geschlechtliche Unter-Stellung war eine evolutionäre Entwicklung, die wohl einige Zeit gebraucht hat, um sich durchzusetzen, genauer: um sich durchzuliegen. Zuvor kannte man angeblich nur eine rückwärtsgewandte Sexualpraxis, obwohl schon die Menschenaffen das geschlechtliche Miteinander face-to-face gelegentlich face-zinierender finden als die eher affen-affine »Aufreiterei«.

Übrigens: Für die Bibel ist dieser Stellungswechsel ins Missionarische ein wahrer Erkenntnisgewinn. Wo immer dort von »erkennen« die Rede ist, ist etwas gemeint, das der gemeine Volksmund mit einem mehr ornithologisch geprägten Verb umschreibt.

Bei Moses liest sich das so: »Adam erkannte sein Weib Eva und sie war schwanger.«

Im Neuen Testament heißt es: »Maria war von Joseph noch nicht erkannt worden.«

Tja, da hätte er Maria mal umdrehen müssen. Woran man einmal mehr sieht, wie wichtig eine Wende ist.

IV.

Der amerikanische Evolutions-Zoologe Desmond Morris beklagte allerdings in seinem weltweit hunderttausendfach verkauften Bestseller »Der nackte Affe«, dass nach einer solchen

Umwendung des Weibchens dem Männchen einiges an visuellen Sexualreizen abhandenkomme, nämlich der Anblick »fleischig halbkugeliger Hinterbacken« sowie der von einem Paar »hochroter Labien (Schamlippen)«.

Doch da die Evolution dem Manne stets zu Diensten ist, wenn es das Weibchen zu seinem Wohlgefallen umzuformen gilt, kommt es laut Morris auf der »Vorderseite der Frauen« zu einem Ersatz dieser »an der Hinterseite in der Genitalregion erscheinenden Signale«.

Die Evolution bietet also großzügig eine Wiedergutmachung an für den aus dem Blick geratenen Hintern sowie für die zugehörige »Genitalregion«. Morris:

> *»Die halbkugelig vorgewölbten Brüste sind sicherlich Kopien der fleischigen Hinterbacken, die scharf begrenzten roten Lippen des Mundes solche der Labien.«*

Man sieht, was ein halbkugelig eingefleischter Busenfreund ist, der kriegt seine Signale von allen Seiten, hinterrücks und vorderbauchs. Wir wollen es Mister Morris gönnen. Nur wäre es schön gewesen, wenn er sich selber ein paar mündliche Schamlippen zugelegt hätte, um dann schamvoll die sexistische Klappe zu halten.

KAPITEL 17,

in dem ein geklauter Apfel zu einem Schnellimbiss der Erkenntnis führt

I.

Nun wissen wir ja, wie die Geschichte im Paradies weiterging.

Da war bekanntlich die dubiose Sache mit dem Apfel. Mitten im Garten Eden stand nämlich ein Obstbaum. Davor ein großes Schild des Gartenbesitzers: »Alles meins! Wegmampfen verboten!«

Nun habe ich die Inschrift des Verbotsschilds etwas sehr frei übersetzt. Laut Luther stand auf dieser Tafel:

»Esset nicht davon!
Rühret meine Früchte nicht an,
auf dass ihr nicht sterbet.«

Nun muss man nicht alles glauben, was auf Verbotstafeln steht. Evas Freundin, eine verführerische Schlange, gab sogleich Entwarnung. Sie whistleblowte Eva ein Geheimnis ins Ohr, nämlich:

»An dem Tage, da ihr davon esst,
werden eure Augen aufgetan.
Und ihr werdet sein wie Gott
und wissen, was gut und böse ist.«

Eva dachte sich wahrscheinlich: Da lass ich mir doch nicht von einem Gott erzählen, was gut ist und was böse. Das will ich lieber selbst entscheiden. Schon damals: eine typisch feministische Arroganz. In der Luther-Übersetzung liest sich das noch relativ fröhlich

»Und das Weib schaute an,
dass von dem Baum gut zu essen wäre
und dass er lieblich anzusehen
und ein lustiger Baum wäre, weil er klug machte;
und sie nahm von der Frucht und aß
und gab ihrem Mann auch davon, und er aß.«

Oje! Was hatte sie da so klug gemacht von dem »lustigen Baum«? Eine Erkenntnis:

»Da wurden ihrer beiden Augen aufgetan,
und sie wurden gewahr,
dass sie nackt waren.«

Jedenfalls erkannte die neugierige Eva plötzlich, dass diese gemeinsame Nacktheit vielleicht zu möglichen weiteren Freuden führen könnte. Also verführte sie ihren erotisch total vertrottelten Gefährten dazu, auch mal vom Apfel abzubeißen.

Nach diesem Schnellimbiss der Erkenntnis sah Adam das nackte Weib auf einmal mit völlig neuen Augen. The start of the Eve-volution!

Ich schlage vor, wir legen jetzt eine dezente Pause ein bei der Betrachtung des paradiesischen Geschehens. Wir müssen nicht bei allem zuschauen, was Adam und Eva so treiben.

II.

Okay, die Pause ist vorbei. Eva seufzt sichtlich befriedigt: »Mensch Adam, das war echt gut.«

Adam wendet sich von ihr ab, dreht sich auf den Rücken und verschränkt die Arme hinter dem Kopf, ins Himmelreich starrend. »Nein«, seufzt er, »das darf nicht gut gewesen sein.«

Eva richtet sich auf: »Sag mal, spinnst du jetzt?«

Er sucht nach biblischen Worten zu seiner Rechtfertigung, findet aber keine, also versucht er es mit seinen eigenen: »Hat dir die Schlange nicht gesagt, dass wir nun zu unterscheiden wüssten, was gut sei und was böse?«

»Hat sie. Und sie hatte recht. Mir ging's richtig gut dabei. Bist du mir jetzt etwa böse?«

»Das ist doch gerade das Fatale, Eva! Auch mir ging es viel zu gut dabei. Aber es darf mir dabei nicht gut gehen, weil sonst der Herrgott böse wird.«

Eva, verständnislos: »Warum sollte er böse sein, wenn es uns gut geht? Wir sind doch seine Geschöpfe?« Sie kichert: »Ist er vielleicht eifersüchtig, weil ich mit dir schlafe und nicht mit ihm?«

Adam schweigt konsterniert.

Nach kurzem Nachdenken murmelt Eva: »Jetzt verstehe ich, was du meinst. Als asexuelles Wesen ist er offenbar in jeder Hinsicht absolut lustlos.«

Adam unterbricht sie und flüstert: »Eva, sei still. Er hat hier überall seine Abhörsysteme. Der kriegt alles mit.«

Doch Eva ist noch mittendrin in ihrer Erkenntnis und spricht mehr zu sich selbst: »Klar, deshalb ist er als der Allmächtige stinksauer, weil wir etwas können, was er mit all seiner Allmacht nicht vermag. Das kann er mit seinem omnipotenten Anspruch nicht gut finden, dass er nicht jeder Hinsicht potent ist. Also ist es für ihn böse.«

III.

Das kurze Gartenpicknick hatte tatsächlich böse Folgen. Ein paar Stunden später machte der Schöpfer seinen Abendspaziergang durch sein Anwesen. Er rief nach seinem Erstgeschöpf, auf dass es zu Herrchen komme: »Adam, wo bist du?«, was von dem Herrn mit dem Heiligenschein ziemlich scheinheilig war, weil er allwissend, auch das wusste. Also war er längst informiert, dass die beiden die Vereinsregel in seinem FKK-Club missachtet hatten, wo in der Satzung die völlige Nacktheit angeordnet war. Aber Eva hatte inzwischen ihren Sinn für die Mode entdeckt und für sich und Adam einen Lendenschurz aus Feigenblättern zusammengeschnippelt, was damals absolut im fashionablen Trend lag. Es war gewissermaßen der erste Dernier Cri.

Der Platzwart nahm Adam sofort ins Verhör:

»Wer hat dir's gesagt,
dass du nackt bist?
Hast du etwa gegessen von dem Baum,
davon ich dir gebot,
du solltest nicht davon essen?«

Und Adam schob sofort alle Schuld von sich:

»Das Weib, das du mir zugesellt hast,
gab mir von dem Baum, und ich aß.«

Ein feiger Petzerich. Seither fühlte sich Eva von ihrem Gemahl in aller Öffentlichkeit, vor Gott und der Welt, veräppelt. Eva hatte zwar nur einen einzigen Apfel geklaut – rechtlich gesehen nicht mehr als ein Bagatelldiebstahl. Aber dieser Mundraub wurde sofort als Schwerverbrechen geahndet.

So blieb der halb angebissene Paradiesapfel auf ewig ein Zankapfel zwischen den bis dahin vorhandenen Geschlechtern, also zwischen Mann und Frau.

Adam hat diesen Obsthappen nie wirklich verdaut. Ihm war der Bissen im Hals stecken geblieben. Und an diesem Adamsapfel würgen wir Männer bis heute herum. So ächzen wir uns durch eine Würglichkeit, die allzu oft vom bösen Ungeist des Feminismus durchschlängelt wird.

KAPITEL 18,

in dem der himmlische Schöpfer verdächtigt wird, ein heimlicher Marxist zu sein

I.

Wahrscheinlich wäre Ihnen dieses Machwerk erspart geblieben, wenn mein Opa Oskar nicht gewesen wäre. Er war, wie berichtet, ein strenger Hardcore-Jehovist, besessen von seinem biblischen Dogma-Tick. Und so malträtierte er mich mit regelmäßigen Vorlesungen, um mir Gottes Wort in mein Gehirn zu pauken. Sie sehen selbst, welche verhängnisvollen Auswirkungen das hatte.

Von den alttestamentarischen Texten waren ihm die von Moses und Jesaja am liebsten. Entsprechend oft wurde ich mit ihnen traktiert. An eine dieser Bibelstunden erinnere ich mich noch genau, weil sie für mich einschlägige Folgen hatte.

Mein Großvater kam lesend – und zwar in meiner störrischen Knabenmiene, nach Zeichen einer inneren Umkehr spähend (den Text kannte er auswendig) ... er kam also zu jener Stelle im zweiten *Genesis*-Kapitel, wo es heißt, dass der Herr Gott das Feld geschaffen hatte, dass aber die Bäume noch fehlten und das Kraut, »denn da war kein Mensch, den Acker zu bebauen«.

Ich unterbrach meinen Großvater: »Warum brauchte Gott dafür einen Menschen? War er zu faul, es selbst zu tun?«

Die Antwort kam mal wieder auf Anhieb. Ein Anhieb, der sich auf meiner Backe niederschlug. Hatte ich doch den Herrgott meines Großvaters des schlimmsten protestantischen Verbrechens bezichtigt, nämlich des Müßiggangs.

Für einen Erzprotestanten ist schließlich Arbeit der heiligste Lebenszweck und Müßiggang aller Laster Anfang. Gott, ein lasterhafter Faulenzer, ein müßig Lustwandelnder? Der schiere Gedanke verursachte bei meinem Großvater das evangelischste Entsetzen.

Doch so dumm war meine Frage nicht, zumindest vom göttlichen Standpunkt aus betrachtet. Für die Vorgänger des biblischen Herrn im alten Babylonien war der Wunsch nach menschlichen Arbeitssklaven der einzige Beweggrund für die Menschenmacherei.

Im altorientalischen *Atrahasis*-Epos kommt es sogar einmal zu einer regelrechten Palastrevolution der niederen Götter, die sich beim Bau von Bewässerungskanälen abrackern mussten. Schließlich wird ihnen die Arbeit zu schwer. Sie verbrennen ihre Holzwerkzeuge und marschieren zum Palast des Obergottes. Nach zähen Verhandlungen wird die Muttergöttin Mami (das war tatsächlich ihr Name) mit der Erzeugung von Menschen beauftragt. Dafür muss allerdings einer der niederen Götter geopfert werden, wahrscheinlich der Anführer des Aufstandes. Mami mischt sein Blut und Fleisch mit Lehm, die anderen Götter spucken auf den ganzen Klumpen, und sie formt daraus den ersten Menschen, der von nun an mit seinesgleichen alle schweren Arbeiten verrichten musste.

Bei den Sumerern war Enlil der Hauptgott, der wie üblich zuerst den Himmel von der Erde entfernt. Dann erfindet er die Spitzhacke. Damit hackt er einen heiligen Spalt in die Erde und masturbiert seinen Samen hinein. So entstanden die ersten Sumerer, und die Götter drückten ihnen sofort die

Spitzhacke in die Hand, damit die Männer weiterarbeiten konnten.

Unser biblischer Ackerherr stand durchaus in dieser Tradition der Sklavenbeschaffung, auch wenn sich die Experten bei ihrer Heiligen-Schriften-Exegese gelegentlich über die Auslegung streiten – wie einst mein Opa Oskar mit mir.

II.

Am Anfang hat Gott noch selbst gearbeitet. Sechs lange Tage der Schöpfung war er in Aktion. Und sagen Sie jetzt nicht, dass sein Arbeitseinsatz letztlich nur Gerede gewesen sei, weil er lediglich ein paar Worte fallen ließ. (Ich weiß aus meinen Bühnenjahren, wie sehr eine Sprechrolle zur harten Arbeit werden kann – auch und gerade, wenn man sie sich selbst zuschreibt.)

Nach dieser harten Sechstagewoche musste er also eine Pause einlegen. Der Schöpfer war sichtlich erschöpft. Man ist schließlich auch nur ein Gott!

»Und er ruhte aus von all seinem Werk,
das er gemacht ...«

Paul Lafargue, der ungeliebte Schwiegersohn von Karl Marx, zog aus dieser seit Urzeiten andauernden Ruhepause eine quasigewerkschaftliche Schlussfolgerung. Er veröffentlichte 1883 ein Pamphlet mit dem Titel »Das Recht, faul zu sein«, das unter den weltlichen wie klerikalen Pflichtverteidigern in Sachen Schweiß & Fleiß heftige Aufregung verursachte.

»Jehova selbst«, so schreibt Lafargue, »der bärtige und sauertöpfische Gott gab seinen Verehrern das erhabenste

Beispiel für Faulheit: Nach sechs Tagen Arbeit ruht er aus für alle Ewigkeit.«

Dieser faule Paule hatte Glück, dass er nicht in die Hände meines Großvaters gefallen ist.

Nun wollte er wahrscheinlich weniger meinen Großvater oder gar Gottvater ärgern, sondern einen ganz anderen rauschebärtigen Werke-Schöpfer, nämlich seinen Schwiegervater Karl Marx, der die Arbeit zumindest theoretisch vergötterte.

Karl Marx hat bei mehreren Gelegenheiten Zeugnis von der Erschaffung des Menschen abgelegt. Mit gotteslästerlicher Arroganz pries er diese Schöpfung jedoch als menschliche Schwarzarbeit, als »Selbstschöpfung des Menschen« hinter dem Rücken Gottes. Sein Freund Friedrich Engels verfasste sogar einen langen Essay mit dem Titel: »Der Anteil der Arbeit an der Menschwerdung des Affen«.

Damit sind wir wieder bei einer anderen Schöpfungsgeschichte, die diesmal von einem quasimarxistischen Urvater erzählt. Bitte folgen Sie mir in den Dschungel.

KAPITEL 19,

in dem sich ein uriger Affe trotz heftiger Proteste zu unserem Urgroßvater macht

I.

Am Anfang war ... ein Affe.

Genauer: ein Uraffe. Und was machte so ein Uraffe? Was sollte er machen? Er äffte im Urwald einfach so vor sich hin. Er äffte vor, denn den Menschen gab es noch nicht; darum gab es nichts nachzuäffen.

Nun wusste dieser Uraffe natürlich auch nicht, zu welcher Urzeit er gerade lebte. Doch auch ohne genauere Zeitangaben wusste er, dass er irgendwann etwas zu essen brauchte. Er bekam also Hunger.

Allerdings war seine Uräffin noch nicht menschlich genug, um dem Kerl abends, wenn er nach Hause kam, das Essen hinzustellen, wie das später fast jeder Affe als selbstverständlich erwartet.

Was tun? Er blickte sich erst einmal um im Urwald. Und da sah er etwas hängen: eine Banane. Im Urwald. An einem Urbaum. Im Urlaub.

Eine Urbanane. Also keine Chiquita oder Onkel Tuca, das sind erst spätere Errungenschaften der Evolution.

Die Banane hing oben am Baum. Er war unten auf dem Boden. Sein Verhältnis zu dieser Banane war gewissermaßen ein klassenkämpferisches: die da oben, ich hier unten.

Wie also kommt er nun an die Banane ran? Er hätte natürlich auf den Baum klettern können, aber das kam ihm plötzlich zu affig vor. Er war offenbar ein ziemlich fauler Urzeitgenosse.

Und wenn jemand zu faul ist, etwas selber zu tun, dann erfindet er etwas.

Falls er ein Gott ist, erfindet er einen Menschen. Und wenn er ein Mensch ist, dann erfindet er einen Unter- beziehungsweise Nebenmenschen, der ihm zur Hand geht. Aber wenn er gerade keinen Nebenmenschen zur Hand hat, dann erfindet er etwas ganz Neues. Zum Beispiel eine Bananenpflückmaschine.

Aber so weit war der Uraffe damals noch nicht. Seine Erfindung war etwas primitiver. Er fand nämlich einen Stock. Den hob er auf und schlug damit die Banane herunter. Ein schlagfertiges Kerlchen.

Nachdem er die Banane aufgegessen hatte, hätte die Geschichte zu Ende sein können. Doch im Gegenteil: Hier fängt die Menschheitsgeschichte erst an. Denn jetzt hatte der Affe zwar keinen Hunger mehr, aber dafür eine Idee. Und wann immer ein Affe eine Idee hat, wird es verdächtig menschlich.

Sein Gedanke war: Nun hast du diesen Stock ohnehin aufgehoben. Der liegt ganz gut in der Hand, hat die richtige Länge, ist nicht zu schwer. So etwas liegt auch im Urwald nicht jeden Tag auf der Straße herum. Also: Heb das Ding weiter auf!

Ein Ur-Heber.

Ein hegelianischer Affe: einer, der sich von seiner äffischen Gegenwart emanzipierte, indem er einen zukünftigen Nutzen antizipierte. Dadurch, dass er diesen schon aufgehobenen Stock weiter aufhob, hob er sich zugleich mit auf. Hatte er doch damit sein eigenes Affendasein aufgehoben und somit sich selbst auf ein vermeintlich höheres Niveau.

Außerdem war dieser Stock auch eine machtvolle Waffe:

Damit konnte er nicht nur Bananen herunterholen, sondern auch mögliche Futterneider in die Flucht schlagen. Damit war also zugleich der Schlagstock erfunden worden. Ein primitives Haudrauf-Instrument, das noch heute immer mal wieder zum Einsatz kommt.

Ich war gelegentlich Zeuge von ähnlichen Ur-Erlebnissen, wenn bei friedlichen Demonstrationen aus dem Dschungel der Großstadt plötzlich einheitlich gewandete Primatenhorden hervorbrachen, in Unkenntnis der biologischen Tatsachen zuweilen »Bullen« genannt, um sich mit einer Art Urschrei ans gemeinsame Stockschlagen zu machen, obwohl gar keine Bananen zu sehen waren. Sie waren auch mehr auf Rüben aus. Ein schlagender Nachweis für die staatliche Pflege des Ur-Humanen, obwohl die wohl eher als stockkonservativ zu beschreiben wäre.

Doch das alles konnte unser Urahn noch nicht urahnen in seinem ersten menschlichen Augenblick. Dazu fehlte ihm vorerst das nötige tarzanöse Bewusstsein des Herrenaffen. Er konnte nicht einmal unterscheiden zwischen Bewusstsein und Sein. Ihm reichte einfach ein bewusstes Sein.

Man sieht, in diesem Selbstentwicklungs-Stadium war er ein ziemlicher Primitivling. Dennoch war er ein pfiffiger Bursche, denn er hatte aus diesem Stock einen dialektischen Zauberstab gemacht: eine Vereinbarung von zwei Unmöglichkeiten. So etwas nennt man einen Witz.

Denn dieser Stock war als Werkzeug zwar eine Idee, aber diese Idee lag ihm nicht im Kopf, sondern klar auf der Hand. Man konnte die Idee richtig be-greifen, also mit den Händen anfassen. Ein handfester Gedanke. Ein Manifest.

So praktisch kann eine gewitzte Theorie sein.

II.

Nun haben die Nachforschungen zur urhumanen Entwicklung unter anderem gezeigt, dass auch der aufrechte Gang nicht unwesentlich zur Menschwerdung beigetragen hat. Möglicherweise hatte eine frühere Klimakrise zu einem Notstand in der Bananenversorgung geführt, sodass der arme Primaten-Papa auf der Nahrungssuche hinausmusste »ins feindliche Leben« (es schillert mal wieder). Er musste also seine urwaldliche Blätterhöhle verlassen, wo er bis dahin mit seinesgleichen herumgehangen hatte.

Er wurde von einer brutal-repressiven Evolution aus dem sanft gedimmten Zwielicht seiner Urwelt unsanft hinausgeschubst ins grausam grelle Licht der Savanne. Er erblickte notgedrungen das Licht einer anderen Welt, in die er eigentlich nie hineinwollte. Eine bedrohliche Welt: ringsum nur hartdörriges Gras, umgeben von ebenen Endlosigkeiten. Dahinter nichts als Fernen und Horizonte. Und dahinter wiederum unbekannte Gefahren, lauernd und schauernd und dauernd von allen Seiten, aus allen Weiten. Er musste sich also aufrichten, um irgendwie den Überblick zu behalten. Doch auch wenn er sich noch so sehr auf die Hinterbeine stellte und Rückgrat bewies – oder gerade deshalb: Die Evolution ließ ihn nicht mehr zurück in seine ursprüngliche wohligdämmerige Urwelt.

Wie gehabt: Aus der Traum! Hinein ins Trauma!

Halten wir fest: Was den affigen Ursprung der Menschheit angeht, so war man sich in der marxistischen Mythologie durchaus einig mit der Schöpfungsgeschichte, die Charles Darwin in Umlauf gebracht hatte. Hingegen packte zu Darwins Zeiten die Oberprimaten der anglikanischen Kirche in England ein christlicher Horror beim Gedanken an diese vermeintliche Schimpansen- Sippschaft. Und ihre angeheirateten Primatinnen waren nicht minder entsetzt. Berühmt ist der Schreckensschrei der Frau des Bischofs von Worcester, als sie ihr Gatte in Darwins schmuddliges Geheimnis einweihte. Sie rief schockiert: »Vom Affen abstammen? Mein Gott, lass uns hoffen, dass dies nicht stimmt. Und wenn doch, lass uns beten, dass das nicht allgemein bekannt wird!«

Den Bischof soll das sogar belustigt haben.

III.

Mein Großvater hätte gewiss nicht gelacht. Er konnte ohnehin nicht herzhaft lachen, eine lebenslange Behinderung, die sich glücklicherweise nicht auf mich vererbt hat. Jedenfalls geriet mein Opa in alttestamentarische Rage, wenn er auf dieses zoologische Abstammungsthema zu sprechen kam. Auf seinem Stammbaum, so bekundete er zorndurchbebt, habe noch nie ein Affe gesessen. Mich hat das sehr erleichtert, denn ich wollte gar keine gemeinsamen Vorfahren mit ihm haben.

Ich denke sogar, dass mein Großvater in seinem Glaubensfuror auch die Existenz von Bananen geleugnet hätte, um nicht in die Versuchung zu kommen, von der verbotenen Affenfrucht zu kosten. Allerdings gab es in seinem brandenburgischen DDR-Kaff ohnehin keine Bananen zu jener Zeit, also in den Fünfzigerjahren. Umso rätselhafter war das Ende meines bananophoben Großvaters.

Eines späten Tages auf dem Wege zur abendandächtigen Lobpreisung des Herrn geriet er auf dem Kirchplatz ins Straucheln und schlug mit seinem Sturkopf so heftig aufs Kopfsteinpflaster, dass an eine irdische Auferstehung nicht mehr zu denken war. Das Seltsame an der Geschichte war, dass er angeblich auf einer Bananenschale ausgerutscht war. So bezeugte es zumindest seine Witwe, meine Oma Clara.

Bleibt das Mysterium, wie dieser Rest einer Südfrucht auf das dörfliche Pflaster der damals bananenresistenten DDR-Provinz gekommen sein soll.

War es vielleicht ein rächendes Überbleibsel einer heimlichen Invasion vom Planeten der Affen? Aber was wäre das Motiv? Es gibt keines. Ich glaube, die Affenwelt war sogar ziemlich erleichtert, als sie erfuhr, dass mein Opa Oskar verwandtschaftlich nichts mit ihr zu tun haben wollte.

Kapitel 20,

in dem wir uns auf einer Entbindungsstation einfinden, ohne dass etwas Fruchtbares dabei herauskommt

I.

Noch immer beschäftigt mich das Hohelied, das einst mit Marx- und Engelszungen gesungen wurde, um die Arbeit zu preisen als Voraussetzung für die Selbst-Schöpfung des Menschen.

Das erinnert mich an die alte Berliner Volksweisheit: »Arbeit is wat Wundascheenet. Ick könnt and'ren stundenlang dabei zukieken.« Offenbar scheinen nicht alle Menschen so interessiert zu sein, sich ihre Menschwerdung allein durch Arbeit bescheinigen zu lassen.

Also wandere ich zum Ikea-Regal, um mich im Grimm'schen Wörterbuch an die »Arbeit« zu machen. Schlag nach bei Grimm. Erster Band: »A bis Biermolke«. Dort grimmelt es geheimnisvoll:

> *»Arbeit ... Ein uraltes Wort ... in dem die Vorstellungen der Hörigkeit, Angehörigkeit, Kindschaft und Knechtschaft ineinanderfließen.«*

Alles Begriffe aus einer ackerbäuerlichen Neuzeit. Dem Ackersmann war seine Männin ja deshalb so wert und so teuer, weil er durch sie preiswert an billige Arbeitskräfte kam: Die wurden im Schoß der Familie fabriziert. Verbrauchte Arbeitskräfte wurden notfalls neunmonatlich erneuert (zumindest diese Lieferfrist hat sich trotz aller sonstigen Fortschritte in der Produktion bis heute nicht geändert).

Produktion und Reproduktion von Menschen war »natürlich« Frauensache. Zustände, bei denen die Frauen Zustände hätten kriegen müssen, doch sie kamen nur stets von Neuem in andere Umstände. Ergo, so die Grimms:

> *»Nicht anders als das lateinische* labor, *das griechische* pónos ... *bezog sich Arbeit auf anhaltenden Schmerz, besonders Gebärender.«*

Im früheren Deutsch hat man genau das unter Arbeit verstanden:

> *»Die frau liegt in arbeit, in kindsnöthen; die frau in kindsarbeit.«*

Bei Andreas Gryphius heißt es:

> *»Ein hochschwanger Leib, der die herbe Zeit erkannt, die ihn zur Arbeit ruft.«*

Redeweisen, wie sie noch heute in England oder Frankreich üblich sind, wo *labour* und *travail* zunächst die Wehen der Frau bei der Geburt beschrieben haben.

Den Begriff »Arbeit« umkreißend, stellen wir fest, dass er früher mit einer Bedeutung schwanger ging, die ihm später abgetrieben wurde. Schon im Althochdeutschen wurde unter »Arbeit« neben der weiblichen Geburtsquälerei hauptsächlich die männliche Ackerei verstanden: die Mühsal bei der Bearbeitung des Mutterbodens.

Das war der Fluch des Herrn J., als er Adam und Eva des Paradieses verwies.

»Und zur Frau sprach er:
Ich will dir viel Mühsal schaffen,
wenn du schwanger wirst;
unter Mühen sollst du Kinder gebären.
Und dein Verlangen soll nach deinem Mann sein,
aber er wird dein Herr sein.«

Und dem Adam machte Herr J. noch einmal klar, dass an dessen künftigem elendigem Schicksal nur das erkenntnissüchtige Sexualwesen an seiner Seite schuld sei, »weil du gehorcht hast der Stimme deiner Frau ...«. Darum:

»Verflucht sei der Acker um deinetwillen!
Mit Mühsal sollst du dich von ihm nähren
dein Leben lang.«

Oder in der Kurzfassung:

Wehe demjenigen, der arbeiten muss!

Wehen derjenigen, die gebären muss!

Geburts-Plackerei und Boden-Ackerei gehören von nun an zusammen.

II.

Die Ironie der Geschichte wollte es, dass es ausgerechnet die Frauen waren, die den Samen legten für den Ackerbau und damit für die männliche Sesshaftigkeit, die zur patriarchalen Vorherrschaft führte.

Vor dieser landwirtschaftlichen Zeit, in den früheren Tagen der Jäger- und Sammlergesellschaften waren die Männer für die Jagd zuständig und die Frauen weitgehend für das Sammeln der Früchte. Zugleich sammelten die Frauen dabei Wissen über viele Arten von Wurzeln und Samen. Pflanzung und Aussaat waren zunächst weibliche Entdeckungen.[19]

Die Frauen wussten aus eigener Erfahrung, dass es eine gewisse Zeit braucht, bis aus einem Samen etwas sprießen kann. Fast alle Forscherinnen und Forscher, die sich mit der Frühgeschichte der Menschheit beschäftigen, sind sich einig, dass es Frauen waren, die die ersten Getreidekörner für die spätere Aussaat aufbewahrten. Sie mussten die Körner sogar vor den Männern verstecken, denn die hätten sie am liebsten in den kargen Wintermonaten weggefuttert.

Die Erfahrung der Frauen mit sich selbst und mit den Pflanzen führte zu der Erfahrung des Fort-Pflanzens – und damit hinein in die frühe Agrargesellschaft, ins Vaterland des Patriarchats.

---

19 Nun bin ich selber ein Sammler, umherstreunend auf dem weiten Feld unserer Sprache, Wörter klaubend, hie und da nach Wurzeln grabend, gelegentlich alte und doch für uns neue Redeweisen ausbuddelnd, damit zugleich vergessenes Allgemeingut hervorziehend aus der Tiefe des Nicht-mehr-Gewussten und Nicht-mehr-Bewussten. Die Wörter beim Wort nehmend, erkundige ich mich nach dem, was wir so alles unausgesprochen mitsprechen, wenn wir reden oder schreiben. Dem Echo der Wörter nachlauschend und den Nachhall wieder holend ins Jetzige, gebe ich allerdings etwas wieder, von dem ich selber nur vermuten kann, dass es ungefähr den einstigen Ton trifft.

KAPITEL 21,

in dem es zu einem Mordprozess kommt und Apoll als Verteidiger die ganze Schöpfung noch einmal auf den Kopf stellt

I.

Der entscheidende Prozess in der Entwicklung der patriarchalen Ackerbau-Society fand vor einem antiken Schwurgericht statt. Und so befinden wir uns wieder mitten in einer Kriminalgeschichte. Ein Mordprozess, der vor dem Obergerichtshof des Olymp zur Verhandlung ansteht. Ein gewisser Aischylos war der Protokollführer.

Es geht um Mehrfachmorde in besseren Kreisen. Mehrere Prominente hatten sich in einem hochkarätigen Familiendrama gegenseitig final entsorgt.

Angeklagt war ein weithin bekannter Heroe: Orest, immerhin einer aus bestem Königshause. Er hatte seine eigene Mutter erschlagen, Klytämnestra. Ein Racheakt, denn die Mama hatte zuvor seinen Papa ermordet, ihren Ehemann Agamemnon.

Auch dieser Gattenmord geschah aus Vergeltung. Agamemnon hatte die gemeinsame Tochter Iphigenie auf dem Altar der Göttin Artemis opfern wollen, um im Gegengeschäft für die Seefahrt nach Troja günstige Winde in die Segel zu bekommen.

Klytämnestra musste mit ihrer Rache zehn Jahre warten, bis der König endlich aus dem trojanischen Krieg zurückkehrte. Als Kriegsbeute hatte er die trojanische Königstochter Kassandra mitgebracht und sie zu seiner Sexsklavin gemacht. Die wurde von der Königin gleich mit massakriert, als sie ihrem Ehemann den Verrat an der Tochter gründlich heimzahlte und ihn im Badezimmer erstach. Danach schlug dann Orest zu und erledigte seinerseits die Frau Mama. Eine Familie, deren Hauptbeschäftigung offenbar die gegenseitige Ausrottung war.

Nun also muss sich Orest vor Gericht verantworten. Die Anklagevertretung übernehmen die drei Moiren, auch als Erinnyen bekannt. Für diese Urmütterchen war Muttermord, also die Tat des Orest, ein viel schlimmeres Verbrechen als das einfache Killen eines Ehemanns, also die Tat der Klytämnestra.

Der Verteidiger von Orest ist ein berühmter Staranwalt, der göttliche Apoll. Wir haben ihn bereits als Drachentöter kennengelernt, als Bezwinger der Delphyne, einst das Gebärmutterwesen von Delphi.

Doch Apolls Macht als Gott war noch nicht gefestigt. Die verhutzelten Moiren-Weibchen, Muttergöttinnen aus der grauen Vorzeit, standen ihm im Weg. Deren ohnehin längst geschwächte Autorität wollte er endgültig brechen.

Es war übrigens Apoll selbst, der Orest zum Mord an seiner Mutter angestiftet hatte. Er wollte diesen Prozess um jeden Preis – aus politischen Gründen, um ein neues Grundsatzurteil durchzusetzen.

II.

Die Verhandlung beginnt. Die Mordtat des Orest ist nur der Vorwand. So ist die Beweisaufnahme schnell beendet. Die Fakten sind ohnehin unstrittig.

Natürlich durchschauen die antiken Göttinnen die Absicht

Apolls. Sie nennen ihn jammernd den »Zerstörer der Moiren«. Die urigen matriarchalischen Weiber zetern:

»Du willst die Mächte der grauen Zeitalter stürzen …
Du, der junge Gott, willst uns, die Alten, zu Fall bringen …
O neue Götter! Altes Recht und uraltes Recht,
sie reißen es nieder, reißen es uns aus den Händen.«

Als Verteidiger ist Apoll wirklich gerissen. Raffiniert verdreht er die natürliche Ordnung. Seine perverse Argumentation hört sich so an: Das alte Mutterrecht, auf das sich die Moiren in ihrer Anklage berufen, beruhe auf der angeblichen Tatsache, dass die Bindungen zwischen Mutter und Kind besonders eng seien. Und warum? Weil die Frau das Kind zur Welt bringt. Aber das sei eine falsche Grundannahme, sagt Apoll. Tatsächlich sei der Mann der eigentliche Hervorbringer des Kindes, die Frau sei lediglich die Brutstätte.

Ausgerechnet ein weibliches Wesen ist es, die er mit diesem Argument zu überzeugen versucht: die Göttin Pallas Athene, die den Vorsitz in diesem Prozess führt. Zeus hatte ihr das Vorrecht verliehen, dass bei einer Stimmengleichheit der sonstigen Richter ihr Machtwort entscheidend sei. In der Waage der Justitia (in Athen hieß diese Gerechtigkeitsgöttin Dike) ist der Stimmstein der Pallas der gewichtigste.

Doch wer ist diese oberste Athener Gerichtsherrin, deren Stimme so viel Gewicht hat bei der Abwägung in einem Männergericht? Dies ist schon wieder eine andere Vorgeschichte, doch da sie prozessrelevant ist, muss sie hier eingeschoben werden.

III.

Pallas Athene ist die Tochter von Papa Zeus. Daran wäre bei dessen Vielzeugerei nichts Ungewöhnliches, wenn nicht die Geburt der Athene absolut ungewöhnlich gewesen wäre. Doch der Reihe nach:

Der gewaltige Zeus wurde in einer Nacht wie jeder anderen von seiner gewaltigen Wollust befallen, und so fiel er über die Nächstliegende her. In diesem Fall war es die Titanin Metis. Derlei Notzucht war bei ihm – bei Zeus! – an der Tages- und Nachtordnung.

Doch nach diesem göttlichen Gewalt-Akt wurde die Sache für ihn bedrohlich, denn Metis wurde schwanger. Das hätte den Akkord-Kopulator nicht weiter gestört, hätte er nicht orakeln hören, dass ein Spross der Metis ihn eines Tages seines Olymps entthronen würde.

Das war Familientradition. Hatte Zeus doch selbst seinen Vater Kronos entmachtet. Jener Kronos, der mithilfe seiner Mutter Gaia als Kastrator seines Vaters tätig geworden war, fraß dann aus Furcht vor einem ähnlichen Schicksal seine eigenen Kinder als Nachspeise, kaum dass sie geboren waren. Sein Sohn Zeus war nur durch einen Trick vor dem Vielfraß gerettet worden. Aber das ist schon wieder eine andere Geschichte.

Als Zeus von Metis' Schwangerschaft erfuhr, war ihm klar: Er musste den ungeborenen Bastard loswerden, am besten gleich mitsamt der Mutter. Erneut lockte er Metis aufs Beilager, diesmal »mit süßen Reden«, wie es heißt. Er lullte ihr ein, dass er sie trotz seiner Grobheit beim ersten Treffen zum Fressen gernhätte. Er hatte nicht gelogen: Plötzlich sperrte er das Gottesmaul auf und schlang die Schwangere samt Fötus roh hinunter. Eine Eintreibung. Göttliche Indikation.

Doch wem der Bauch voll ist, dem geht der Kopf über. Pünktlich nach neun Monaten wurde Zeus von fürchterlichen Presswehen erfasst, und zwar in seinem Schädel. Er heulte auf, dass sich die Himmelsbalken über dem Olymp bogen. Der Geburtshelfer des Wehenleidigen war der Schmiedegott Hephaistos (andere meinen, es sei ein gewisser Prometheus gewesen, auf den wir gleich zu sprechen kommen). Der Hebammerich holte Hammer und Keil und spaltete Zeus den Bregen, auf dass der Geburtskanal offen wäre.

Plötzlich entsprang dem gespaltenen Oberhaupt des Obergottes mit einem mächtigen Kriegsschrei ein geharnischter Wahnsinnsgedanke. Es war die ausgewachsene Athene, die sich in voller kriegerischer Montur dem Schopf ihres hirnigen Vaters entschöpfte. Keine Ent-Bauchung aus einem weiblichen Leib, sondern eine Ent-Hauptung aus einem göttlichen Bregen.

In voller eiserner Rüstung wurde aus dem gespaltenen Bewusstsein des Zeus eine Kriegsgöttin geboren. Pallas Athene, die Be-Hauptung einer martialischen männlichen Fantasie.

Ihr Vorname Pallas bedeutet: das (unberührte) Mädchen. Als ein sauberer männlicher Gedanke von Weiblichkeit hatte diese eiserne Dame eisern zu bleiben. Soll heißen: Sie hatte zu bleiben, was sie war, eine ausgedachte Jungfrau. Als Schutzgöttin von Athen war ihr Häutchen heilig. Dessen Unversehrtheit garantierte die Unverwundbarkeit der Stadt – ein Schutzwall gegen jeden feindlichen Penetrator.

IV.

Nachdem wir nun die Geschichte dieser männlichen Kopfgeburt kennen, können wir uns wieder vor die Schranken des Athener Gerichts begeben, wo Pallas Athene den Vorsitz führt im Prozess gegen den Muttermörder Orest.

Dessen Verteidiger Apoll macht jetzt nämlich listenreich die stimmgewaltige Richterin zur Kronzeugin dafür, dass Kinderkriegen eigentlich Männersache ist. Sein Schlussplädoyer:

»Denn Vater kann man ohne Mutter sein;
Beweis ist dort die eigene Tochter des Olympiers Zeus,
Die nimmer eines Mutterschoßes Dunkel barg,
Und edleren Spross gebar doch keine Göttin.«

So folgert er mit Bauernschläue, nämlich mit dem Zeugungsargument des Ackerbauern:

»Die Mutter bringt, was sie ihr Kind heißt,
Nicht hervor. Sie ist allein
Des frisch gesäten Keimes Nährerin.
Der sie befruchtet, zeugt.«

Mit dieser tief in den Bauernschädel eigefurchten Mentalität ist die Frau zu einem Arbeitsgegenstand geworden wie die Erde selbst. Der Mann ist das erzeugende, das produzierende Subjekt, die Frau das Objekt, das bearbeitet wird. Und wie der Acker muss sie so produktiv wie möglich sein.

Der göttliche Großagrarier Apoll hatte also einen Musterprozess für die gesamte antike Männerwelt geführt. Das Ergebnis: Freispruch für Orest. Endsieg für Apoll. Das Aus für die Moiren.

V.

Im Schoß der uralten Schicksalsgöttinen hatte fortan ein Kerl das Sagen, ein unbarmherziger Gewaltherrscher namens Ananke (»der Bezwinger«). Ursprünglich war der Moiren-Schoß die Brutstätte einer urförmigen Demokratie. So erzählt es der Mythos:

»Die Moiren verteilten die Lose. Sie verkündeten das Schicksal für die Geschlechter der Menschen ...«

In ihrem Schoß nahmen die noch ungeborenen Seelen an einer Lotterie teil. Sie konnten sich ihr zukünftiges Los selbst aussuchen – jedoch ohne zu wissen, was ihnen dieses Los künftig bringen würde.

Was könnte demokratischer sein als der stark sehbehinderte Zufall? Die Ziehung der Schicksalslose sollte zeigen, dass in dieser Lotterie alle die gleichen Chancen haben.

Seit Platon weiß man aber, dass die Anteilscheine vorher entmischt werden, sodass das Geschlecht und die Herkunft vorentscheidet, wem welcher Teil zukommt. Eine Teilung nach gewöhnlicher Herrenart: Der eine hat den Vor-Teil, die andere den Nach-Teil.

Der Oberaufseher Ananke verteilt die Nieten und Hauptgewinne nach seinem tyrannischen Belieben. Laut Platon werden die Moiren unter dieser Fuchtel zu »Töchtern des Zwangs, zu Töchtern der Notwendigkeit«. Wie lustvoll dieser Ananke zu quälen und zu foltern versteht, sieht man in den Comics der Antike, auf den Vasenbildern: Da treibt er peitschenschwingend den armen Sisyphos an, der seinen Stein des Anstoßes immer und immer und immer bergan rollen muss.

VI.

Solche Schwerstarbeit wie auch jede andere Art von körperlicher Arbeit war in den besseren Kreisen der griechischen Gesellschaft undenkbar. Für die athenische Aristokratie (»die Herrschaft der Besten«) war Arbeitslosigkeit ein herrschaftliches Privileg. Für die notwendige Arbeit hatte man Frauen und Sklaven. Und die hatten natürlich im öffentlichen Leben kein Wörtchen mitzureden.

Platon erklärte: Wer körperlich arbeiten muss, sei logischerweise kein Herr, weil nicht »Herr seiner selbst«. Schließlich müsse sich dieser Un-Herr, dieser Nicht-Mensch wie ein Tier um seine Lebensnotdurft kümmern. Und damit sei er selbst ein Stück tierhafter Natur.

Diese Zweiteilung von Herren-Kultur kontra Sklaven-Natur spiegelt sich wider im athenischen Stadtstaat, der Polis, der als ein frühes demokratisches Vorbild gilt.

Hier das *bios politikos*, das politische Leben, das freie, öffentliche Dasein des arbeitslosen Aristokraten in der Polis – da das *bios ponetikos*, das sklavische Leben, das Gefangensein in den Notwendigkeiten der Natur. Und *ponos*, die Frauenarbeit bei der Geburt, ist dabei immer mitgemeint.

So viel zum stets gepriesenen Schöpfungsmythos der europäischen Demokratie.

KAPITEL 22,

in dem ein heißer Typ namens Prometheus zu einem Megastar der Weltgeschichte wird und irgendwelche Ochsen den Kapitalismus erfinden

I.

Ein neues Kapitel. Ein neuer Heroe. Ein bis dahin unbekannter Menschenmacher stand kurz vor seiner Performance auf der internationalen Bühne. Eine unerwartete Konkurrenz für die bisherigen göttlichen Schöpfer.

Soll keiner sagen, die Götter hätten es leicht. Ständig mussten sie um ihre Spitzenposition in Sachen Weltherrschaft bangen. Auf dem Markt der letzten Wahrheiten gab es immer mehr Konkurrenz, da die Nachfrage nach dem »Sinn des Lebens« und anderen Markenartikeln zunahm.

Die Glaubwürdigkeit der Erstmensch-Machung hat dabei stets eine primäre Rolle gespielt, zumindest bei anspruchsvollen Kunden, die ihrem Gott nicht mehr bedenkenlos alles abkauften. Ohne eine halbwegs glaubhafte Genesis im Angebot ging nichts mehr.

Zeitweise drängten sich sogar Halbgötter mit rüdem Marketing ins himmlische Geschäft. Nur einer von ihnen konnte sich dauerhaft auf dem Mythenmarkt behaupten. Das verdankte er einer psychologisch geschickten, auf die Kundenbedürfnisse zugeschnittenen Imagekampagne seines Public-Relations-Teams unter Führung des alten Hesiod.

A star was born! Ein Mega-Star: Prometheus.

Nur die besten Schriftsteller haben für ihn die Öffentlichkeitsarbeit gemacht: Die Herren Aischylos, Boccaccio, Swift,

Voltaire, Shelley, Goethe, Gide und viele andere waren für ihn als Werbetexter und Ghostwriter tätig. Sigmund Freud hat ihn sogar kostenlos analysiert.

Das Ergebnis dieses Jahrtausende währenden Kreativ-Workshops ist bekannt: eine wirklich heiße Räubergeschichte von einem Teufelskerl, der dem Zeus die olympische Fackel geklaut hat. Prometheus brachte den Menschen das Feuer – den Männern, um genau zu sein. Frauen gab es zu diesem Zeitpunkt nämlich nicht.

Und diese Männer waren allesamt das Werk des Prometheus. Er war ein Schöpfer und Töpfer genau wie der Herr J., der uns schon mit seinem Adam gezeigt hat, zu welchen erstaunlichen keramischen Leistungen man es bringen kann. Allerdings hatte auch schon Herr J., wie berichtet, seinen Adam unter Verstoß gegen das Urheberrecht getöpfert.

Tatsächlich wurde die einst weibliche Töpferkunst irgendwann zu einer Raubkunst des Patriarchats. In diesem Punkt sind sich alle Forscher einig: Die Töpferei war eine weibliche Erfindung. Der ursprüngliche Töpfer war eine Töpferin. Nur sie wusste, wie man zu Potte kommt.

Der englische Altertumsforscher George Thomson beschrieb das aufgrund der antiken Quellen so:

> *»Es handelte sich um einen Schöpfungsakt, ein Mysterium der Frauen, bei dem kein Mann zugegen sein durfte. Wenn eine von den Frauen ein Modell fertiggestellt hatte, hielt sie es hoch, damit die anderen es bewundern konnten wie bei einem neugeborenen Baby. Und sie nannte es eine ›Schöpfung‹. Nachdem sie es in der Sonne getrocknet hatte, klopfte sie mit ihrem Schaber dagegen, und das ergab einen Klang. Das war die Sprache des Geschöpfes.«*

Nun waren Männer immer schon heimliche Topfgucker. Doch sie übernahmen diese Produktion erst nach der Erfindung der Töpferscheibe. Dies war der Beginn der ersten vorindustriellen Massenproduktion. Nun konnten die Gefäße, für deren Anfertigung Frauen zuvor mehrere Tage brauchten, in viel kürzerer Zeit hergestellt werden. Aufgrund des Rotationsprinzips verloren die Töpferinnen ihre Stellung.

Mit der neuen Produktionsweise und mit den neuen Produzenten änderte sich zugleich das Denken und Fantasieren über diese Schöpfung. Es wanderte in andere Köpfe: in die Gehirne der Männer. Dort hat es nun seinen angestammten Platz. Fortan war das keramische Verfahren unter den virilen Schöpfern die beliebteste Methode bei der Menschenmacherei. So kamen immer mehr »Am-Anfang-war«-Geschichten in Umlauf.

Eine Warnung: Sie sollten besser keiner Urgeschichte über den Weg trauen, die anhebt mit wabernden Weihewörten wie: »Am Anfang …« Sie stünden, diesen Anfang beglaubigend, sofort in der Kreide. Denn Sie stünden in der Schuld desjenigen, der diesen Anfang gemacht hat. Da dem anfänglichen Schöpfer in der Folge alle Existenz geschuldet ist, würden auch Sie ihm die Ihre schulden. Der Glauben an einen Anfang bedingt, dass man ein Gläubiger ist und dennoch auf Pump lebt. Das ist die Voraussetzung bei jedem Ursprungsmythos: Schon am Anfang muss man dran glauben. Mag sein, dass jedem Anfang ein Zauber innewohnt. Man sollte nur kritisch prüfen, ob es sich nicht um einen faulen Zauber handelt.

II.

Also: Prometheus tritt nun in Aktion zwecks Menschenkneterei. Immerhin gibt er laut Robert Ranke-Graves eine weibliche Beteiligung bei seiner Produktion zu:

> *»Als es noch keine Menschen gab, formte Prometheus mit Zustimmung der Göttin Athene solche, die den Göttern ähnlich sahen. Er benutzte Ton und Wasser, und Athene hauchte ihnen Leben ein.«*

Das Material kam also von der Erde, der göttliche Atem kam von der Kopfgeburt des himmlischen Zeus. Seitdem liegt der zum Himmel strebende Geist im ständigen Clinch mit dem erdgebundenen Körper. Aber sie können sich nicht voneinander trennen, bis dass der Tod sie scheidet.

Nun war Prometheus zwar kein ungeschickter Töpfer, aber seine Fähigkeiten waren begrenzt. Sie reichten gerade mal aus, um Männer zu schaffen. An die perfekten weiblichen Formen wagte er sich nicht heran. Also blieben die Männer vorerst unter sich. Da keine Fortpflanzung möglich war, musste Prometheus Akkordarbeit leisten, um eine einigermaßen vorzeigbare Menge an Maskulinität vorweisen zu können.

> *»Hier sitz' ich, forme Menschen*
> *Nach meinem Bilde,*
> *Ein Geschlecht, das mir gleich sei.«*

Also spricht Prometheus. Zumindest will Johann Wolfgang von Goethe das so gehört haben. Zugleich ist das eine Kampfansage an den göttlichen Übervater auf dem Olymp.

»Ich kenne nichts Ärmeres
Unter der Sonn' als euch Götter!
Ihr nähret kümmerlich
Von Opfersteuern
Und Gebetshauch
Eure Majestät …«

III.

Diese Opfersteuern, wie Goethe sie nennt, waren entscheidend für die Schöpfungsgeschichte unserer heutigen Gesellschaft. Daraus entwickelte sich nämlich im Laufe der Zeit eine Allmacht, die heute allmächtiger ist, als es allmächtige Götter je waren. DAS GELD – the money that makes the world go round.

Eine Schöpfungsgeschichte in Kurzform: Einst wurden den Göttern, nachdem Menschenopfer nicht mehr als allgemein akzeptabel galten, hauptsächlich Rindviecher geopfert. Rinder, meist Ochsen, waren der wertvollste Besitz in diesen früh-agrikulturellen Zeiten. Der Wert einer Sache, die man gegen eine andere tauschte, wurde schon im alten Griechenland, später auch in Rom nach dem Wert von Vieh berechnet. Das Vieh hieß bei den Römern *pecus*, daraus wurde dann *pecunia*, das Geld.

Ein einzelner Ochse hieß *res* (später »die Sache, die Angelegenheit«). So entstand dann die *res publica*. Das war zunächst ein öffentlicher Viehmarkt, der Ort, wo man unter den Ochsen wählen konnte. Der Begriff »Republik« erinnert daran.

Ein reicher Mann war damals einer, der pekuniär, also viehmäßig gut ausgestattet war. Sein Reichtum wurde nach der

Menge seiner Rindviecher gemessen, also nach den Köpfen seiner Herden. Der Kopf heißt auf Lateinisch: *caput.* Davon abgeleitet nannte man eine Vielzahl von solchen verviecherten Köpfen: *das Kapital.*

So begann die Erschaffung dieser heutigen kapitalistischen Welt: eine Schöpfungsgeschichte, an der genau genommen hauptsächlich Ochsen beteiligt waren.

KAPITEL 23,

in dem Zeus einen verdächtigen Braten riecht, aber kulinarisch auf den Hund kommt

I.

Bleiben wir bei Prometheus. Der war ein skrupelloser Steuerhinterzieher, was die ursprüngliche Opfersteuer anging. Er hatte nämlich Zeus bei der Opferung eines Rinds hereingelegt. Der Donnergott und Blitzeschleuderer ließ sich gerne die Festtagsbraten schmecken, die die Menschen zubereiteten. Darauf meinte er ein Anrecht zu haben. Schließlich hätten die Menschen ohne seine Blitze, die hie und da die Büsche in Flammen aufgehen ließen, gar kein Feuer gehabt und somit auch keinen Braten.

Auch als Prometheus ihn zu Tische bat, hatte Zeus im naiven Glauben an seine blitz-zaubernde Herrlichkeit selbstverständlich damit gerechnet, dass ihm die saftigsten Brocken zustehen würden. Prometheus brockte ihm hingegen eine armselige Mahlzeit hin. Er legte Zeus mit einem Trick herein: Anstatt ihm das Fleisch und die Eingeweide zu überlassen, wie es Zeus aufgrund seiner göttlichen Majestät erwartete, fütterte Prometheus den Olympier mit den Knochen ab, die er geschickt eingewickelt hatte – »verborgen unter einer Schicht von schimmerndem Fett«. So wurde der Himmlische gefüttert wie ein Hund mit ein paar Knochen. Und so etwas nagt an einem Gott! Er sann auf grausame Rache.

II.

Dieses Opfer-Ritual erinnert mich wieder an meinen Großvater, denn vor jeder Mahlzeit sprach er tief gesenkten Hauptes eine Einladung für einen abwesenden Mitesser aus: »Komm, Herr Jesus, sei unser Gast ...«

Für diesen Jesus wurde an meines Großvaters Tisch stets ein Stuhl frei gehalten, und meine Großmutter hatte einen leeren Teller für ihn hinzustellen. Einmal vergaß sie, das Besteck dazuzulegen. Mein Großvater tobte: »Soll unser Herr Jesus etwa mit den Fingern essen? Dafür ist er wahrlich nicht am Kreuz für uns gestorben.«

Mich beeindruckte das Argument tief, und ich grübelte darüber nach, ob ein Kreuzestod nicht schon Strafe genug gewesen war. Warum musste Jesus als zusätzliche Folter auch noch bei meinem Großvater am Tisch sitzen? Da ich meinen Platz zur Linken des christlichen Leerstuhls hatte (wo wohl sonst?), schielte ich gelegentlich zur Seite, und siehe da: In meinem unheiligen Geiste sah ich auf einmal neben mir einen schmatzenden, rülpsenden Jesus als Tischkumpan, der mit bloßen, durchlöcherten Händen die großmütterlichen Kleisterklöße zerrupfte und sie meinem Großvater stückchenweise in den Bart schnipste. Dabei blinzelte er mir verschwörerisch zu, denn bei seinem Gottvater ging es wohl auch ziemlich streng zu. Und so geschah es, dass ich nur dasaß und lächelte, bis mich die obligate Kopfnuss meines Großvaters hinterhirns ereilte (eine Malträtierung des kindlichen Schädels, die verhindern soll, dass sich so etwas wie ein kritischer Gedankenansatz bilden kann; auch Katzenkopp genannt).

Danach kam das Schlussgebet, und ich hatte Gott zu danken »für alle guten Gaben, die wir hier empfangen haben«, die Katzenköppe meines Großvaters und die zementigen Klöße meiner Großmutter inklusive.

Damals habe ich gelernt: Auch wenn es bei Tisch etwas Besseres als Kopfnüsse und Würgebälle geben sollte, kann man den Herrgott oder seinen Sohn oder sonst wen Göttliches unbesorgt zum Essen einladen. Die Einladung gilt nur pro forma. Die wirklich guten Gaben werden ihnen nicht geopfert.

III.

Zeus, das erste urkundlich nachgewiesene Opfer solchen Opferns, war nun absolutely not amused. Seine Rache: Er ließ die Menschen roh abblitzen, indem er ihnen fortan sein himmlisches Bratenfeuer vorenthielt. Er sandte einfach keine Blitze mehr zur Erde. »Lasst sie ihr Fleisch roh essen«, rief er voll des donnernden Zornes.

Die erklärte Absicht war eine mörderische: Dieses armselige Menschengeschlecht sollte ohne Feuer gefälligst aussterben in kalten, eisigen Zeiten. Dieser Gedanke mag göttlich gewesen sein, aber zugleich war er ziemlich bescheuert. Zeus hatte nicht bedacht, dass er mit der Ausrottung der Menschheit zugleich die eigene Existenz und die der ganzen Olymp-Belegschaft vernichtet hätte. Warum? Weil keine Götter oder Göttinnen gebraucht werden, wenn niemand mehr da ist, der an sie glaubt. Tatsächlich wären die göttlichen Olympioniken nebst -innen ziemlich aufgeschmissen gewesen, wenn sie kein Mensch mehr anbetend in ihrer Existenz bestätigt hätte.

Auch wenn Zeus bei jenem Opfermahl listenreich beschummelt worden war, hätte er sich doch sagen müssen: Lieber ein beschummelter Gott sein als gar keiner.

KAPITEL 24,

in dem Prometheus den »Samen des Feuers« aus dem Gemächte des Donnergottes stiehlt und Pandora mit einer seltsamen Büchse auftaucht

I.

Prometheus ist es, der die bis dahin vorhandene männliche Menschheit rettet und damit die Götterwelt. Schließlich hatte er als Halbgott und Halbirdischer auf beiden Seiten fifty-fifty seine Aktien. Allerdings ist er eher seinen Geschöpfen, den irdischen Kerlen, zugewandt. So sorgt der ausgekochte Kulturheroe dafür, dass die Menschen das Feuer fortan selber erzeugen können.

Erst einmal schleicht er sich zum Olymp, wo Zeus gerade ein Nickerchen hält, ausnahmsweise mal ein Schlaf ohne Beischlaf. Er stiehlt aus dem Schoß des Schlafenden den »Samen des Feuers«, so Hesiod. Damit stiehlt der Samendieb ein wichtiges Stück von Zeus' Potenz. Er raubt ihm seine Allmacht über die Menschen. Am feurigen Samen des Himmlischen also zündete sich Prometheus einen eigenen Glimmstängel an und verbirgt das Sperma »in einem hohlen Rohr«, wie Hesiod das aufphallend deutlich beschreibt.

Zur Erde zurückgekehrt, testet Prometheus verschiedene Methoden, wie man diesen Samen ständig neu reproduzieren könnte.

Mit einer Methode hat er Erfolg, und zwar mithilfe eines archaischen Feuerzeugs, das zugleich ein Sexsymbol war: Ein Reibestab aus hartem Holz, meist aus Eiche, wurde in eine Aushöhlung aus Buchenholz hineingerubbelt, immer hinein in den Schoß des weichen Holzes – so lange, bis es endlich funkte.

In vielen urigen Schöpfungsgeschichten, auch außerhalb unseres Kulturkreises, wird deshalb die Erzeugung des Feuers und die Entdeckung der menschlichen Sexualität als eine gleichzeitige kulturelle Errungenschaft angesehen.

Die Er-Zeugung des Feuers mithilfe eines harten Stiels auf weichem Untergrund war stets eine reine Männersache. In allen bekannten Kulturen waren nur die Herren der Schöpfung berechtigt, über den Feuersamen zu verfügen, also das Feuer zu entfachen. Das Feuer am Brennen zu halten, war die Aufgabe der Frau.

Aber hier bin ich es, der kreative Mann, der die Geschichte am Kochen hält – als Chef in der heißen Küche der mythischen Imaginationen. Denn jetzt kommt eine Geschichte, die seit jeher die Männerfantasien anheizt.

II.

Und wieder gibt es einen neuen Anfang. Der Mythos gebiert nun Evas griechische Kollegin: Pandora, die erste hellenische Erdenfrau.

Zeus kam nach dem Feuerraub des Prometheus zu dem hinterhältigen Ratschluss: Wenn die Menschen unbedingt Feuer haben wollen, dann gebe ich ihnen richtig Zunder. Ich werde ihnen auf Erden die Hölle heißmachen:

> *»Ihnen gebe ich anstelle des Feuers ein Übel, an dem sich alle erfreuen sollen, und ahnungslos lächelnd werden sie ihr Übel umarmen.«*

Der Gedanke macht dem Zürnenden wieder gute Laune:

»Also sprach lachend der Vater der Götter und Menschen.«

Bis zu diesem Zeitpunkt wuchs das Menschengeschlecht einfach so aus dem Boden, von den Händen des Prometheus geformt. Da war keine Menschenfrau zwecks Zeugung vonnöten.

Nun aber, da Prometheus den feurigen Samen des Zeus dem irdischen Manne gebracht hatte, beschloss Zeus, dass künftig dieses Mannesgeschlecht erst anderwärts »den Samen verbergen« müsse, eh der zu fruchten beginne. Und wo wohl? Aber ja: in der Furche des Ackers und im Schoße der Frau. Göttern fällt selten was Neues ein.

Noch aber gab es keine Frau. Also her mit dem Weib!

Zeus befiehlt seinem Schmiede- und Töpfergott Hephaistos, »eilig Erde mit Wasser zu mischen« (alles wie gehabt). Und der töpfert im Akkord »eine liebliche Maid«. Die anderen Damen und Herren des Olymps schmücken das tönerne Wesen. Pallas Athene vermacht ihr das modische Verlangen nach C&A, also nach Chic & Anmut. Aphrodite gibt dazu »den zehrenden Sinn« nach den Kerlen. Hermes lehrt dieser Schönheit auf tönernen Füßen auch die »kosenden Worte«. Zudem beschenkt er sie »mit hündischem Sinn und mit betörender Schalkheit«. Also die volle Ausstattung, die ein Weibsbild offenbar so braucht, um für einen Kerl sexuell annehmbar zu sein.

Hermes gab ihr auch einen Namen:

»Und dann benannte Pandora er dies Frauengebilde, weil alle Bewohner des Himmels sie mit Gaben versahen – zum Leid der betriebsamen Männer.«

Pan-dora: Dieser Name bedeutet eigentlich: die Alles-Gebende, ein früherer Name der Erdgöttin. Bei Hesiod wird daraus: die, der alles gegeben wird. Als Rache des Zeus wird sie vielfach begabt mit aller Verderbtheit, eben um die Männerwelt ins Verderben zu stürzen. Der Name Pandora wird so zu einem Zeichen, dessen Deutung sich ins Gegenteil verkehrt. Wie ein Wegweiser, der um 180 Grad gedreht wird, weist das Zeichen plötzlich weg von dem, wohin es zuvor deutete: ein Weg-Weiser.[20]

III.

Hermes bringt nun Pandora auf die Erde und sofort an den Mann. Epimetheus heißt der Auserwählte. Dies ist der Name des Zwillingsbruders von Prometheus, eine mythische Chiffre für sein anderes Ich. Der gewitzte *Pro-metheus* (soll heißen: »der, der im Voraus denkt«) hatte sich selbst davor gewarnt, jemals ein Geschenk der Götter anzunehmen. Doch seine Seele Numero zwo, *Epi-metheus* (»der, der zu spät denkt«), lässt sich vom Anblick der bezaubernden Pandora sofort besinnungslos betören.

Pro- beziehungsweise Epimetheus nimmt das Geschenk an und packt es auch gleich aus. Da vorher keine Frau zur Verfügung stand, ist er somit das erste männliche Wesen, das mit einem Weibe schläft. Und das hatte böse Folgen.

Der erste Beischläfer, so Hesiod, »erkannte das Unglück, als er es hatte«.

Wieder so eine uralte Männermär: Stets ist von einer

20 Aber wo steht geschrieben, so fragt ein kluger Kopf namens Ludwig Wittgenstein, dass man die Richtung einschlagen muss, die ein Wegweiser vorgibt – genauer: die er vorgibt, vorzugeben?

Büchse die Rede, die Pandora dabeigehabt habe, und die soll sie dann, neugierig wie ihre obstgenäschige Schwester Eva, geöffnet haben. Diese Büchse sei randvoll gewesen mit allem Geschmadder und Geschmeiß dieser Welt, mit allen verfügbaren Todsünden und aller irdischen Mühsal, kurz: mit allem, woran wir noch heute hienieden kranken.

Als Pandora die Büchse öffnet, entfleuchen alle darin verborgenen Ekelhaftigkeiten: Sex & Crime, Evil & Devil, Dope & Pope, Pfui & Baba ... und was uns sonst seither an Grauen in dieser Welt umtreibt.

Allerdings ist diese vermeintliche »Büchse« eigentlich gar keine. Es handelt sich um einen Flüchtigkeitsfehler in der Übersetzung. Ausgerechnet einem von mir bewunderten närrischen Denker, Erasmus von Rotterdam, ist der unterlaufen. Er las bei Hesiod fälschlicherweise von einem *pyxis*, das wäre ein Holzkästchen aus Buchsbaum, deshalb »Büchse«.

Tatsächlich ist bei Hesiod von einem *pithos* die Rede, also von einem Krug, dem alten Symbol für die Gebärmutter (Sie erinnern sich an das Omega-Zeichen Ω). Der begnadete Frauenfeind Hesiod hat uns einmal mehr in die chaotische, weibliche Unterwelt geschickt, wo alles Übel und Grauen dieser Welt seinen Ursprung hat.

Der Hesiod-Nachfahr Palladas von Alexandrien jammert:

»Aus Rache für das gestohlene Feuer gab uns Zeus ein anderes Feuer: die Frauen ... Ein Feuer kann wenigstens erlöschen, doch die Frau ist ein Feuer, das nicht zu löschen ist, voll Glut, immer neu aufflackernd. Sie dörrt den Mann aus, sie zehrt ihn auf ...«

Dann schnappt sie wieder zu, die alles verzehrende Vagina, the tender trap, die zuschnappende Liebesfalle, das männersüchtige Leckermäulchen.

Ob Eva oder ob Pandora: In der Verbreitung von frauenfeindlicher Agitation sind die sagenhaften Propaganda-Chefs unermythlich.

KAPITEL 25,

in dem nobelpreisgekrönte Herren darüber grübeln, wie man Kinder zur Welt bringen kann ohne die störende Beteiligung einer Frau

I.

Die Technik der Töpferei war, wie wir gesehen haben, grundlegend für die göttliche Menschenproduktion. Aber aus heutiger Sicht sind das völlig veraltete Herstellungsmethoden. Wenden wir uns nun moderneren Schöpfern und ihren Schöpfungsfantasien zu. Ich muss Sie allerdings warnen: Die Lektüre dieses Kapitels ist nichts für schwache Nerven. Zu Risiken und Nebenwirkungen fragen Sie bitte vorher Ihren Doktor Frankenstein oder Ihren Gen-Designer. Bei den neuen Herren der Schöpfung ist nichts unmöglich.

Kürzlich entdeckte ich in einem Antiquariat ein Buch mit dem Titel: »Das umstrittene Experiment: Der Mensch«. Es handelt sich um das Gedankengeburtsprotokoll eines erlauchten männlichen Schoßes, genauer: eines Gremiums (lateinisch *gremium*, »der Schoß«) aus den späteren Jahren des letzten Jahrhunderts. Die Teilnehmer waren allesamt mit einem Nobelpreis geadelt worden für ihre unsterblichen Verdienste um die genetische Wissenschaft. Sie hatten sich auf Einladung eines Chemiekonzerns auf der Insel Mainau im Bodensee getroffen, um ungestört über die künftige Produktion von Menschen nachzugrübeln. Und zwar über die Möglichkeit der Menschenmacherei ohne die lästige Beteiligung eines weiblichen Bauches – also über die Fabrikation von menschlichen Wesen, die nicht aus einem dunklen

Mutterschoß herausgeschmaddert werden, sondern sauber herausfantasiert aus der väterlichen Birne. Zunächst einmal mussten die noblen Gebärväter die Frage nach dem Produktionsgegenstand klären. Die Definitionsfrage also hieß: Was ist der Mensch überhaupt?

II.

Der Molekularbiologe Joshua Lederberg hatte eine gute Nachricht:

»Wir können den Menschen jetzt definieren. Genotypisch gesehen besteht er aus einer 180 Zentimeter langen Molekülsequenz.«

Und dann zählt er all die Atome auf, die sich auf diesen 180 DNS-Zentimetern versammeln zu einem nuklearen Meeting.

Jetzt wissen Sie endlich, was Sie wirklich sind. Nichts als eine obskure Molekülsequenz, eine Ansammlung von Atommüll, der kurzfristig im Hier und Jetzt zwischengelagert wird. Professor Lederberg:

»Bald werden bisher noch ungeahnte Dinge in der Humangenetik zum Wohle des Menschen machbar sein.«

Denn zum Wohle der Menschheit müsse endlich Schluss sein mit der planlosen Produziererei von Menschenwesen.

So grübelte einer der Entdecker des DNS-Strangs, der Nobelpreisträger F. C. Crick, auf dem Mainauer Symposium:

»Haben bestimmte Menschen überhaupt das Recht, Kinder zu bekommen? Zumal Kinder eigentlich nur aus Versehen entstehen.«

Und wo er recht hat, hat er recht: Die Menschheit ist doch mehr oder minder ein einziges Versehen. Wenn ich an diese Versammlung der noblen Herren denke, dann denke ich zugleich, was eine zu lasch betriebene Empfängnisverhütung für verhängnisvolle Spätfolgen haben kann.

III.

Der amerikanische Evolutionstheoretiker Professor Ernst Mayr erläuterte:

»Da es in der Regel die intelligenteren Mitglieder der Gesellschaft sind, die ihre Kinderzahl einschränken, die minder intelligenten Volksschichten aber sehr viel mehr Kinder zeugen, ist allein schon dieser genetische Faktor eine Störung des Status quo. Will man über dieses Ungleichgewicht hinwegkommen, muss man selektive Maßnahmen ins Auge fassen.«

Dies ist allerdings kein Zitat aus dem Protokoll des Mainauer Symposiums. Mayr schrieb diese selektiven Sätze in einem Grundsatzartikel, der in der *Welt* nachgedruckt wurde.

Der Genforscher Haldane ergänzte bei dem Treffen auf der Insel Mainau:

»Was wir brauchen, ist die Züchtung einer neuen Elite« – und zwar einer Elite, »unter der ich grob gesprochen Menschen wie uns hier verstehe.«

Grob gesprochen, aber sauber formuliert …

Der Nobelpreisträger Hermann J. Muller schwärmte gar von einem neuen Menschen-Baukasten:

> *»Wir werden es besser machen als die Natur. Wir werden bald einen vollen Chromosomensatz von hier, einen Chromosomensatz von dort und noch ein Gen aus dritter Quelle auswählen und so gezielte Mutationen auslösen.«*

IV.

Joshua Lederberg gab allerdings einen Einwand zu Protokoll:

> *»Wir müssen dabei auch die Konsequenzen bedenken, wenn uns auch nur ein einziges Nukleotid entgleitet. Wir müssen wissen, was wir mit diesen missglückten Nieten machen, bevor wir mit der Fabrikation von Menschen beginnen.«*

Um dieses Risiko zu vermeiden, so meinte er, wäre es vorstellbar, dass Frauen von längst verstorbenen Samenspendern Kinder bekämen:

> *»Sie hätten beispielsweise die Wahl zwischen einem Shakespeare, einem Newton oder sogar einem Rudolph Valentino.«*

Das Problem bei den drei genannten Herren ist allerdings, dass sie nicht rechtzeitig auf einer Samenbank ein Girokonto eröffnet hatten und deshalb posthum nicht mehr flüssig sind.

V.

Ein Dilemma, das auch einen Nobelpreisträger schwer beschäftigte, der nicht mehr an dieser Nobel-Konferenz teilnehmen konnte: George Bernhard Shaw. Im Alter von achtzig Jahren spendete Shaw 100 Pfund für eine zu gründende Samenbank. Zu seinem aufrichtigsten Bedauern konnte er seine Spende nicht mehr in Form von Naturalien abliefern:

> *»Wenn ich, der ich keine Kinder habe und mich auch nicht mit ihnen hätte abgeben können, an all die Eier denke, die ich hätte befruchten können! Und an all die Frauen, die mich zwar nicht einen Tag im Hause ausgehalten hätten, aber einige meiner Qualitäten für ihre Kinder gewünscht hätten!«*

Nobel gedacht. Aber leider zu spät.[21]

Immerhin hat sich Shaw seinerseits durchaus befruchten lassen, und zwar von seinem römischen Dichterkollegen Ovid. Der erzählte in seinen »Metamorphosen« eine Schöpfungsgeschichte, die wiederum Shaws Fantasie kreativ werden ließ. Es geht um einen Bildhauer namens Pygmalion, der das »schändliche Geschlecht der Weiber« hasste. Schon lange vor Paulus befand er, dass es besser sei, um jedes lebendige Weib vorsichtshalber einen großen Bogen zu machen.

So suchte er einen künstlichen Ersatz zur gelegentlichen Befriedigung seiner Bedürfnisse. Nein, er besorgte sich keine

---

21 In diesem Zusammenhang gibt es noch eine andere hübsch gemeine Anekdote über Shaw: Eine berühmte, sehr schöne Schauspielerin soll zu ihm mal gesagt haben: »Stellen Sie sich vor, was für Kinder wir beide haben könnten, mit Ihrer Intelligenz und meiner Schönheit.« Er soll erwidert haben: »Ja, aber stellen Sie sich vor, die Kinder hätten meine Schönheit und Ihre Intelligenz.«

aufblasbare Gummipuppe aus dem Sex-Shop, denn so etwas gab es zu seiner Zeit noch nicht, sondern er schnitzte sich selbst eine lebensgroße nackte Püppi aus Elfenbein zurecht. Er verliebte sich sofort in diese leblose Statue, in das Abbild seiner Fantasie. Durch Intervention der Liebesgöttin Venus wurde die »elfene Jungfrau« (so Ovid) plötzlich lebendig, ohne wirklich lebendig zu sein, denn sie war nun einmal keine reale, natürliche Frau, sondern nur die männliche Vorstellung von einer Frau, ein willenloses künstliches Objekt seiner obskuren Begierde – eine Männin.

Shaw ließ sich dadurch zu seinem Theaterstück »Pygmalion« inspirieren. Die Handlung wird Ihnen vielleicht bekannt vorkommen: Der selbstherrliche Sprachwissenschaftler Professor Henry Higgins will eine arme Blumenverkäuferin namens Eliza Doolittle nach seinen Vorstellungen zu einer Lady der vermeintlich besseren Gesellschaft umformen – als ein scheinbar willfähriges Produkt seiner kreativen Arroganz, das dann dem Kreator ein Schnippchen schlägt.

Jawohl, das ist die Vorlage zu »My Fair Lady«. Zur Abwechslung mal eine wirklich amüsante Schöpfungsgeschichte.

KAPITEL 26,

in dem wir als Mutanten ohne jede künstliche Intelligenz enttarnt werden

I.

Aus dem dämmrigen Zwielicht vergessener Mythenwelten tauchte vor etlicher Zeit im Europäischen Patentamt zu München ein seltsames Fabelwesen auf, an dessen Existenz man bisher nie wirklich geglaubt hatte: eine Chimäre.

»Man hat mich gerade wiederentdeckt«, sprach die Chimäre. »Jetzt will ich mich endlich patentieren lassen.«

Die patenten Beamten waren so verängstigt, dass sie dem Ungeheuer diesen Wunsch sogleich zitternd erfüllten.

Dabei war es eigentlich nur ein winzig kleines Ungeheuerchen, gerade mal aus vierundzwanzig Zellen bestehend, zur Hälfte von einer Maus, zur anderen Hälfte von einem Menschen stammend. Ein Mäusemensch – oder eine Menschenmaus, wie man will.

Dieses Unwesen war einer der frühen Sendboten aus dem sagenhaften Reich der ungeheuren genetischen Unmöglichkeiten. Aus diesem Bestiarium werden noch ganz andere Monster auf uns zukommen: Menschen, Tiere, Mutationen ...

Damit wurde der Mutantenstadl eröffnet. Ein Zoo für genetische Zuchterfolge. Zugleich ein »Menschenzoo«, von dem der viel-zu-sophische Vor- und Zurückdenker Peter Sloterdijk fantasiert.[22]

---

22 Das Adjektiv »sophisch« bezieht sich hier auf die griechische Kaste der Sophisten, gegen die einst Sokrates ankämpfte, weil sich zwei Auffassungen von

Der gern in die genetische Zukunft schweifende, in die Ferne sehende Sloterdijk, ein Fern-Seher mit reichlicher TV-Präsenz, fragte sich und damit uns, ob »die langfristige Entwicklung ... zu einer genetischen Reform der Gattungseigenschaften führen wird«. Dies würde sich klären, wenn sich »der evolutionäre Horizont vor uns zu lichten beginnt.«

Moment mal! Eine »genetische Reform der Gattungseigenschaften« – das ist wahrlich eine nicht ganz neue Schöpfungsfantasie. Da sprudelt ganz im Hintergrund leise ein »Lebensborn«.

Aber das ist die logische Schlussfolgerung, wenn sich das menschliche Denken und das mitmenschliche Fühlen hinter die Gitter eines gen-manipulierten Knasts begeben.

Die Knastbedingungen sind seit eh und je die gleichen. Von wegen: Die Gedanken sind frei. Die gehören weggesperrt. Dafür stehen uns schließlich genügend Zellen zur Verfügung.

Sie kommen alle in Einzelhaft. So ist unser Denken künftig in diesem System verhaftet. Und wenn man die Gedanken verhaftet hat, dann kann man das Gewissen gleich mit verhaften. Das nennt man dann: Gewissenhaft.

II.

Meinem Opa Oskar hätte das gefallen. Jede Art von kritischer Nachdenklichkeit war ihm suspekt. Ein Evolutionsforscher namens Bertolt Brecht meinte zwar, dass das Denken in

---

»Vernunft« gegenüberstanden. Für die einen war sie eine Argumentationstechnik, mit der man Geld verdienen konnte – für Sokrates hingegen ein gemeinschaftliches Unterfangen der Erkenntnissuche. Martin Luther übersetzte den Begriff »Sophist« als »Überredungskünstler, Wortverdreher, Schwätzer, Betrüger«. Dabei hat Luther den Sloterdijk gar nicht gekannt.

der humanen Schöpfungsgeschichte zu einer der größten menschlichen Vergnügungen gehört, aber mein Großvater war leider überhaupt nicht vergnügungssüchtig.

Wann immer er mich in meinen pubertären Jahren bei unzüchtigen Eigeninitiativen ertappte, also bei der Selbstbefriedigung durch eigenständiges Denken, ergriff er gegen diese geistige Unzucht sofort erzieherische Maßnahmen. Das heißt: Er zog mich an den Ohren, bis ich fast unter der Decke hing. So wurden Kinder damals vielfach großgezogen. Das nannte man Er-Ziehung.

Dabei sagte mein Opa etwas ganz Seltsames: »Du sollst das Denken den Pferden überlassen, die haben einen größeren Kopf als du.« Sie lächeln jetzt vielleicht, aber was glauben Sie, mit welcher Ehrfurcht ich damals an den Gäulen in diesem Dorf vorbeigeschlichen bin?

Meines Großvaters gnadenlose Strafverfolgung hatte meist mehrtägige Isolationshaft zur Folge, einen sogenannten Stubenarrest. Meine Großmutter übernahm zwar manchmal meine Pflichtverteidigung, um eine Strafminderung zu erreichen, doch er ließ nicht mit sich handeln. In der mündlichen Urteilsbegründung hieß es stets: »Er hat wieder seinen eigenen Kopf!«

Das klang für mich so, als ob ich eine schlimme Krankheit hätte, eine bösartige Wucherung über dem Kragen. Ein Kind, das damals mit eigenem Kopf zur Welt kam, galt offenbar als Missgeburt.

Auf diese Weise sollte ich lernen, dass es um meinen Kopf überhaupt nicht ging, sondern um das Über-Haupt, das Oberhaupt, das einem über den nicht mehr eigenen Kopf übergestülpt werden soll, wenn der Befehl zur allgemeinen Debilmachung erteilt wird. Dann ist das menschliche Gehirn in seinem Zwiespalt von einem Pferdehintern tatsächlich kaum noch zu unterscheiden.

Allerdings fällt der Vergleich mit der Kehrseite eines Gauls doch eher dürftig aus. Denn Pferde haben zwar kein größeres Hirn, aber auf jeden Fall einen größeren Arsch als wir. Es ist manchmal zum traurigen Wiehern!

III.

Doch warum soll man überhaupt noch denken? Schließlich ist längst eine neue Schöpfungsgeschichte in Umlauf: Eine künstliche Intelligenz wird uns angeblich über kurz oder noch kürzer als denkende Wesen überflüssig machen. Eine »symbiotische Einheit zwischen der künstlichen Intelligenz und dem Menschen« sei der nächste Schritt in der irgendwie menschlichen Entwicklung. Das zumindest prophezeien uns moderne Evolutionstheoretiker.

Ein großes Gezeter und Gezanke und Gezoffe ist derzeit im Gange in den besseren Lesezirkeln der zeitgeistlichen Medien: Da winselt und wimmert man endlos öde Spalten lang, dass die originale menschliche Intelligenz schwer angeschlagen sei. Durch technischen K. o. habe die KI, die künstliche Intelligenz, längst gesiegt. Die Schreckensherrschaft der Algorithmen steht uns angeblich unmittelbar bevor, wenn sie nicht schon an- und ausgebrochen ist.

Bei diesen Algorithmen handelt es sich offenbar um Aliens, die unheimlich-heimlich aus den Tiefen des virtuellen Raums auf unseren Computern und auf unseren mobilen Selbst-Bestätigungs-Apparaten notgelandet sind.

Eine Invasion, die bei etlichen eine Mischung aus Faszination und Gruseln auslöst. Ein wohlig-grausliger Schauder, denn was könnte faszinierender sein als die Vor-Schau des apokalyptischen Horrors.

Doch wie viel größer ist die reale Gefahr, die uns schon seit Langem aus einem ganz anderen Raum droht – nämlich aus dem Hohlraum unter der Schädelschale etlicher Zeitgenossen (-innen inklusive). Dort hat sich bei vielen Zeitgeistern die einst möglicherweise real existierende Intelligenz auf Nimmerwiedersehen verabschiedet. Was wäre dagegen einzuwenden, wenn man einigen von ihnen eine künstliche Intelligenz implantieren würde? Dann hätten sie wenigstens eine. Und vielleicht wäre unsere Schöpfung so noch zu retten.

Nun ja, das ist ein billiger Spott. Weiß man doch in meinem Alter, dass man eigentlich nur noch als Ersatzteillager existiert: künstliche Hüfte, künstliches Knie, implantierte Beißer. Wäre es nicht praktisch, wenn es auch für das Hirn eine Prothese gäbe, bevor es irgendwann in ein Nirgendwo fortalzheimert?

Das schreibe ich durchaus im eigenen Interesse: War doch mein bisheriges satirisches Werkeln in einem dialektischen Sinne stets geprägt von Thesen und Antithesen. Aber muss man denn immer anti sein? Eine Pro-These wäre doch mal eine positive Alternative.

Und erst dann, wenn irgendeine automatische KI-App auf meinem Computer einen solchen halb intelligenten Kalauer unsinngemäß verstehen würde, wäre ich bereit, mit meinem Geschreibsel aufzuhören.

KAPITEL 27,

in dem das Geschlecht des Autors infrage gestellt wird und seine persönliche Schöpfungsgeschichte ein vorläufiges Ende findet

I.

Langsam komme ich zu einem Ende in dieser chaotischen Sammlung von Kreationsmythen. Gestatten Sie mir zum wohlgefälligen Abschluss, noch einmal auf den Anfang zurückzukommen, also auf meine persönliche Schöpfungsgeschichte, mit der ich den Prolog eingeleitet habe.

War schon der Start meines Erdendaseins ein recht problematischer, so wurde es in der Fortsetzung nicht besser, zumindest nicht in den Tagen meiner Kindheit. Nein, mir wurde gewiss nicht an der Wiege gesungen, was mir noch bevorstand. Was erstens daran lag, dass ich keine Wiege hatte, und zweitens daran, dass meine Mutter nicht singen konnte. Oder wenn sie es gekonnt hat, hat sie es zumindest nie in meiner Gegenwart getan.

Das heißt nicht, dass es in meinen jüngsten Tagen keine Prognosen über mein künftiges Leben gegeben hätte. Im Gegenteil, meine Zukunft war mir erschreckend genau vorausgesagt worden. Eine Prophezeiung, wie sie grausamer nicht hätte sein können.

Und das kam so: Ein paar Tage nach meiner Geburt wurde ich im Kinderwagen liegend der weiblichen Verwandtschaft nebst den Frauen aus der Nachbarschaft zur Besichtigung freigegeben. Es gab das übliche Gehätschel und Getätschel und das sanft verblödete Gegurre (»eieieiei«, »hattatata«, »du-

dudu«, »guckigucki«), das manche Weibspersonen reflexartig ausstoßen, wenn sie angesichts eines Säuglings regredieren in eine lallende, stammelnde Schwachsinnigkeit.

Ich war diesem Überfall, der zugleich ein Fall von schwerster akustischer Kindesmisshandlung war, hilflos ausgeliefert. Es war meine erste und leider nicht letzte Erfahrung, wie kollektiv verblödet mit der deutschen Sprache umgegangen wird. Doch irgendwann war die Babyfleischbeschau vorbei, und die matronenhaften Massen traten den Rückzug an.

Die Stille nach der debilen Beschallung war ohrenerquickend und blasenerleichternd (ich muss zugeben, dass ich zu jener Zeit noch etwas inkontinent war). So lag ich nun in nicht mehr ganz reinlichen Windeln (ich war eindeutig kein himmlisches Kind) und genoss feucht, aber fröhlich die Stille. Doch die Seelenruhe war nur von kurzer Dauer. Denn es geschah etwas grauenvoll Unfassbares.

Unvermutet war eine böse Fee an den Kinderwagen getreten. Sie stand zunächst nur reglos an meinem Lager und starrte auf mich herunter. Ich starrte zurück, aber sie war im Starren geübter. Ihr stechender Blick bohrte sich in mich hinein, tief und tiefer in meine seelischen Innereien. Ihr Atem, der mein Gesicht streifte, war ein frostklirrendes Gehauche, und ihre tiefgefrorenen Pupillen ließen das Blut in meinen Adern vereisen, vom Urin in den Windeln ganz zu schweigen.

Meine Mutter war inzwischen ins Zimmer geeilt, um mich zu erlösen aus dem Starrkrampf ihres schauerlichen Schauens.

Doch ohne den Blick von mir zu wenden, sprach die böse Fee mit Eiszapfen an den Stimmbändern: »Aus dem wird doch nie was!«

Damit hatte sie einen ewigen Fluch über mich verhängt, der bis heute als Verhängnis über mir schwebt.

Inzwischen weiß ich, dass es sich bei dieser Fieslingin um eine meiner Tanten gehandelt hat. Tante Gerda, eine bösartige Uraltjungfer, die »niemals einen abgekriegt hat«, wie meine Mutter mit einem gewissen hämischen Unterton meinte. Sie war zwar niemals gesegneten Leibes, doch immer verfluchten Maules. Nie trächtig, nur niederträchtig.

So hatte ihre Niedertracht dann auch mich erwischt: »Aus dem wird doch nie was!«

Sechs mickrige Wörter, eine gewaltige Verwünschung. Zugleich ergab sich daraus eine existenzielle Frage: Was war das für ein Was, das ich nie werden sollte?

Nun war ich, wie in früheren Kapiteln berichtet, in vorpubertären Zeiten eher an der Wie-Werdung des Knaben Martin B. interessiert und weniger an der Was-Werdung.

Allerdings hängt beides zusammen. Um nicht nur ein Irgendwer zu sein, muss man schon was zu bieten haben. »Hast du was, bist du was.« Eine alte Schöpfungstheorie.

Als ich noch ein hilfloses Objekt der deutschen Erziehungsberechtigung war, fehlte es nicht an Versuchen, aus mir ein beliebiges Irgendwas zu machen, das allzeit bereit sein sollte, irgendeinem führenden Irgendwem bedingungslos zu folgen, wenn der es befiehlt.

II.

Und so taucht zum letzten Mal mein Großvater Oskar auf in diesem Bericht über meine persönliche Schöpfungsgeschichte, über die Historie meiner eigenen Mensch- und Mannwerdung. Wie man Männer macht, wusste mein Opa. Einst hatte er Rekruten ausgebildet – und eine Zeit lang verrichtete er auch sein Schinderhandwerk als Diakon und Drakoner im Berliner Jugendgefängnis Plötzensee. Auf die Wirkung seiner Maßnahmen konnte er sich also verlassen. Er brauchte nur in den Spiegel zu schauen, um das, wozu er mich machen wollte, vor sich zu sehen. Sich zum Bilde also wollte er mich schaffen.

Der Schöpfungsauftrag, den er sich selbst gestellt hatte, besagte, mich zu einem »richtigen Jungen« heranzuzüchtigen, damit aus mir irgendwann ein »richtiger Mann« werden sollte.

Ich weiß nicht, ob mein Großvater den alten Platon kannte. Wohl eher nicht, denn den hat es mutmaßlich nie ins Brandenburgische verschlagen. Jedenfalls hätten sich die beiden gut verstanden. Denn wie hat es Platon einst angedroht: Jene Männer, die sich nicht gerecht und mannhaft im Leben zu bewehren wissen, werden zur Strafe nach ihrem Tode als Frauen wiedergeboren.

Vor diesem femme-fatalen Geschick versuchte mich Opa Oskar zu bewahren, als er mir keine Verweichlichung durchgehen lassen wollte. Denn Verweichlichung hieß für ihn zugleich: Verweiblichung.

»Sei ein Mann!« Der ständige Tagesbefehl meines Großvaters klingt mir noch in den Ohren. Mit gruftigem Nachhall höre ich seine Stimme: »Du musst lernen, hart zu sein gegen dich selbst. Du musst dich abhärten.«

Jeden Abend kurz vor dem Schlafengehen zerrte er mich unter die Gartenpumpe, und dann musste ich zehn Minuten lang einen Schwall eiskalten Wassers über mich ergehen lassen. Abschreckung nannte er das. Eine Methode, die man eher bei Frühstückseiern anwendet. Jedenfalls weiß ich seither, was Masochismus ist.

Inzwischen bin ich allerdings ein entwickelter Masochist. Weiß ich doch, dass sich ein Masochist am brutalsten dadurch straft, dass er sich selbst die Strafe verweigert. Also dusche ich jeden Morgen warm.

Nun wurde mir schon früher von einigen Rezensenten vorgehalten, dass ich ein quasifeministisches Weichei sei. Einer, der der Frauenbewegung in breiter Schleimspur hinterhergekrochen wäre.

Ein Weiberumschwänzler.

Ein Schwanz im Schafspelz.

Ein Sexualverräter an meinem eigenen Geschlecht.

III.

Dazu fällt mir eine Szene ein, die sich in einem meiner früheren Liebesleben abgespielt hat: Ich sitze mit einer einstigen Geliebten (einer heutigen lieben Freundin) auf der feierabendlichen Couch. Sie ist vertieft in ein Buch von Virginia Woolf, »Ein Zimmer für sich allein«, in das auch ich schon kurz hineingelesen hatte. Ein Essay, der davon berichtet, wie schwierig es für manche weibliche Schreibsperson ist, sich einen Raum zu erobern, der ihr gehört – in Quadratmetern wie auch nach geistigem Freiraum bemessen. Und plötzlich geht mir ein Gedanke durch den Kopf, der dort hirnmäßig eigentlich gar nichts zu suchen hatte. Das passiert mir öfter. Ein blöder Gedanke, der zu einer Nachfrage an meine Nebensitzerin führt. Ich erkundige mich zögerlich: »Sag mal, Christa, würdest du eigentlich lieber ein Mann sein?«

Sie blickt überrascht auf. Mit zweifelnder Pupille fokussiert sie das einzige vorhandene Exemplar der infrage stehenden Gattung. Nach diesem bedenklichen Augen-Blick kommt sie zu einem Urteil, das sie mit knarrender Entschiedenheit verkündet: »Nääa!!!« ... um einen Gedankenbruchteil später nachzusetzen: »Und du, Martin?«

Eine hinterhältige Gegenfrage, die mich ins Grübeln brachte. Schließlich ist meine männliche Existenz nur die Folge eines Zufalls. Das nicht geplante Ergebnis einer willkürlichen genetischen Vorentscheidung, die ohne mein Zutun getroffen wurde. Das Omen der Chromosomen: XY – ungelöst.

Und plötzlich nuschelte sich ein alter Song in meine Erinnerung: »Wann ist ein Mann ein Mann?« – Ja, wann? Und wenn ja, warum? Dass ich zum Stamme der Heteros gehöre, ist in diesem Zusammenhang kein entscheidender Fakt (wenn Sie das für eine unglückliche Veranlagung halten, zähle ich dennoch auf Ihre Toleranz). Auch dass ich zeugungsmäßig meinen Mann gestanden habe an der Front der Bevölkerungsstatistik, ist unerheblich.

Doch bei meinen Enkeln und Urenkeln (w/m/d) werde ich wohl nie einen so lebenslänglichen Eindruck hinterlassen, wie es meinem Großvater bei mir gelang. Ich vermute, dass sie auf eine solche Hinterlassenschaft auch gut verzichten können.

Gut, dass Opa Oskar nicht miterleben musste, wie ich mich zu einem Wesen entwickelt habe, das perverserweise sein Menschsein nicht nur aufs Mannsein beschränkt.

Nein, ein »richtiger Mann« bin ich wahrlich nicht geworden. Das schöpferische Lebenswerk meines Großvaters führte nicht zu der Kreatur, die er sich eigentlich formen wollte nach seinem Bilde.

Eine Schöpfungsgeschichte, die total vergebens war.

Tut mir leid, Opa!

EIN KURZER EPILOG,

in dem es am Ende wieder einen Anfang gibt

Ein letztes Wort: All diese Geschichten, die Sie hier über Frauen und Männer gelesen haben, sind leider keine wirklichen Liebesgeschichten. Aber dieses Buch ist aus einer solchen entstanden – aus der Liebesgeschichte zwischen einer Frau namens Harriet und einem Mann namens Martin. In der (meist) guten Zeit von über vierzig Jahren, die wir bisher zusammengelebt und zusammengeliebt haben, haben wir auch allerhand gemeinsam produziert. Unser Reden und Lesen und Lernen und Erleben und Hinterfragen gerann zu gemeinsamen Produktionen. Und so ist auch dieses Buch ein Ergebnis dieser Gemeinsamkeit. Nun steht zwar eine Widmung meist am Anfang eines gedruckten Werkes, aber hier ist das Ende mal wieder ein Anfang.

Und so widme ich dieses Buch hirnlich und herzlich diesem Weib –

der Harriet, meiner Liebsten.

QUELLEN,

aus denen der mittlerweile erschöpfte Schöpfer Martin B. geschöpft hat

Lange bevor ich mich ans Schreiben gemacht habe, um dieses zweifelhafte Oeuvre zu produzieren, war ich ausgiebig mit Lesen beschäftigt. Und ja, ich gestehe, ich habe hier und da auch skrupellos plagiiert. Manche Passage in diesem Buch habe ich abgeschrieben – allerdings bei mir selber, nämlich aus einem meiner früheren Bücher, seit Jahrzehnten vergriffen: »Man wird sie eine Männin heißen« (Berlin 1994).

Die wichtigsten Anregungen und die gewitztesten geistigen Aufregungen erhielt ich durch die Werke des großen Religionsphilosophen Klaus Heinrich – insbesondere durch seine fabulösen »Dahlemer Vorlesungen«. Seine Werke werden seit einiger Zeit vom Freiburger Verlag ça ira betreut.

Ansonsten puzzelte ich mir meine zweifelhaften Erkenntnisse aus vielfacher Lektüre zusammen, die ich meist konsequent gegen den Strich gelesen habe. Für die abseitigen Schlüsse, die ich bei dieser Nachlese gezogen habe, bin allein ich verantwortlich.

Hier nur die wichtigsten Quellen:

Arendt, Hannah: Vita activa oder Vom tätigen Leben, Stuttgart 1960

Beer, Ursula: Theorien geschlechtlicher Arbeitsteilung, Frankfurt a. M. 1984

Blumenberg, Hans: Arbeit am Mythos, München 1979

Bornemann, Ernst: Das Patriarchat, Frankfurt a. M. 1975
Briffault, Robert: The Mothers, London 1927
Childe, V. Gordon: Der Mensch schafft sich selbst, Dresden 1959
Conze, Werner: Arbeit; in: Geschichtliche Grundbegriffe, Historisches Lexikon zur politisch-sozialen Sprache, Stuttgart 1972
Daly, Mary: Jenseits von Gottvater, Sohn & Co., München 1978
Darwin, Charles: Die Abstammung des Menschen und die geschlechtliche Zuchtwahl, Bd. II. Stuttgart 1975
Dolezol, Theodor: Adam zeugte Adam – Abstammung und Urgeschichte des Menschen, Stuttgart 1979
Freud, Sigmund: Gesammelte Werke, Köln 2014
Fritz, Kurt von: Pandora, Prometheus und der Weltaltermythos; in: Weg der Forschung XLIV, Darmstadt 1966
Fromm, Erich: Ihr werdet sein wie Gott; in: Werke, Bd. VI, Stuttgart 1980
Graach, Hertmut: Labour and Work; in: Europäische Schlüsselwörter, Bd. II, München 1964
Gunkel, Herrmann: Schöpfung und Chaos in Urzeit und Endzeit, Göttingen 1895
Heidegger, Martin: Ausgewählte Schriften, Bonn 1929
Heidegger, Martin: Sein und Zeit, Tübingen 2006
Heinrich, Klaus: Dahlemer Vorlesungen, neu erschienen im ça ira-Verlag 2021 ff.
Hermann, Joachim: Spuren des Prometheus, Köln 1977
Horken, H. K.: Ex nocte lux – Enträtselte Urgeschichte, Tübingen 1972
Howell, F. Clark u. a.: Der Mensch der Vorzeit, Hamburg 1975
Jeremias, Alfred: Das Alte Testament im Lichte des Alten Orients, Leipzig 1916

Jungk, Robert u. a.: Das umstrittene Experiment – der Mensch, Frankfurt a. M. 1966

Kerényi, Karl: Hermes der Seelenführer; Prometheus u. a.; alle Aufsätze in der Zeitschrift »Alba Vigilae«, Zürich 1944, 1945, 1946

Köhler, Ludwig: Theologie des Alten Testaments, Tübingen 1953

Kramer, Heinrich; Sprenger, James: Malleus Maleficarum (1486), Darmstadt 1974

Krause, M.; Lobis, P.: Die drei Versionen der Apokryphen des Johannes, Wiesbaden 1962

Lacan, Jacques: Werke, Wien 2001

Leibniz, Gottfried Wilhelm: Philosophische Schriften, München 1996

Leonard, Jonathan Norton: Die ersten Ackerbauern, Hamburg 1977

Lévi-Strauss, Claude: Mythologica, Frankfurt a. M. 1976 ff.

Llobera, José Ramón: Naturvölker – Sozialsysteme im Einklang mit der Umwelt, Hamburg 1978

Luginbühl, Marianne: Menschenschöpfungsmythen, Bern 1992

Mann, Ulrich: Schöpfungsmythen, Stuttgart 1982

Marcuse, Herbert: Eros und Kultur, Stuttgart 1957

Marx, Karl; Engels, Friedrich: Werke, Berlin/DDR 1974

Meillassoux, Claude: Die wilden Früchte der Frau, Fankfurt a. M. 1978

Müller, Klaus E.: Die bessere und die schlechtere Hälfte – Ethnologie des Geschlechterkonflikts, Frankfurt a. M. 1984

Neumann, Erich: Die Große Mutter, Olten 1974

Pagels, Elaine: Versuchung durch Erkenntnis – Die gnostischen Evangelien, Frankfurt a. M. 1981

Panofsky, Dora und Erwin: Pandora's Box, New York 1962
Philips, John A.: Eva, Stuttgart 1987
Rad, Gerhard von: Das erste Buch Mose – Genesis, Göttingen 1976
Ranke-Graves, Robert: Griechische Mythologie, Hamburg 1955
Ranke-Graves, Robert; Patai, Raphael: Hebräische Mythologie, Hamburg 1986
Rousseau, Jean-Jacques: Emile oder über die Erziehung, Bd. I und II, Paris 1762 (französische Erstausgabe)
Schedl, Claus: Zur Theologie des Alten Testaments – Der göttliche Sprachvorgang in Schöpfung und Geschichte, Wien 1986
Scheidewind, Gisela (Hrsg.): Die Wortsippe »Arbeit« und ihre Bedeutung in althochdeutschen Sprachdenkmälern, Halle (Saale) 1959
Scholem, Gershom: Lilith; in: Roth, Cecil (Hrsg.): Encyclopedia Judaica, Bd. 11, New York 1971
Shaw, George Bernard: Shaw für Boshafte (Handreichung zum Gemeinsein), Berlin 2006
Sloterdijk, Peter: Regeln für den Menschenpark. – Ein Antwortschreiben zu Heideggers Brief über den Humanismus, Frankfurt a. M. 2008
Symons, David: The Evolution of Human Sexualitiy, New York 1976
Thomson, George: Die ersten Philosophen, Berlin 1968
Thomson, George: Aischylos und Athen, Berlin 1979
Vernant, Jean-Pierre: Arbeit und Natur in der griechischen Antike; Frankfurt a. M. 1973
Vernant, Jean-Pierre: Mythos und Geschlechtlichkeit im alten Griechenland – Der Prometheus-Mythos bei Hesiod, Frankfurt a. M. 1987

Vetter, Helmut: Parmenides – Sein und Welt. Die Fragmente neu übersetzt und kommentiert. Freiburg/München 2016

Weß, Ludger: Die Träume der Genetik, Hamburg 1989

Westermann, Claus: Anfang und Ende in der Bibel, Stuttgart 1969

Westermann, Claus: Am Anfang – 1. Mose, Neukirchen 1986

Wilkinson, Richard H.: Die Welt der Götter im Alten Ägypten. Glaube – Macht – Mythologie, Stuttgart 2003

Wilson, Edward O.: Biologie als Schicksal, Frankfurt a. M. 1980

Žižek, Slavoj: Was Sie immer schon über Lacan wissen wollten und Hitchcock nie zu fragen wagten, München 2002